Lingua GEM

83

JOSÉ RIBAMAR LOPES BATISTA JR.
DENISE TAMAÊ BORGES SATO
IRAN FERREIRA DE MELO
(ORGANIZAÇÃO)

ANÁLISE DE DISCURSO CRÍTICA

PARA LINGUISTAS E NÃO LINGUISTAS

parábola

Direção: ANDRÉIA CUSTÓDIO
Capa e diagramação: TELMA CUSTÓDIO
Revisão: PARÁBOLA EDITORIAL

CIP-BRASIL. CATALOGAÇÃO NA FONTE
SINDICATO NACIONAL DOS EDITORES DE LIVROS, RJ

B169a

Batista Jr., José Ribamar Lopes, 1980-
Análise de discurso crítica para linguistas e não linguistas / José Ribamar Lopes Batista Jr., Denise Tamaê Borges Sato, Iran Ferreira de Melo, organização - 1. ed. - São Paulo : Parábola 2018.

224 p. ; 23 cm. (Linguagem ; 83)

Inclui bibliografia
ISBN 978-85-7934-147-2

1. Discurso. 2. Estudos da linguagem. 3. Análise de discurso. 3. Sentidos e discurso. I. Título. II. Série.

18-49097 CDD: 401.41
CDU: 81'42

Leandra Felix da Cruz - Bibliotecária - CRB-7/6135

Direitos reservados à
PARÁBOLA EDITORIAL
Rua Dr. Mário Vicente, 394 - Ipiranga
04270-000 São Paulo, SP
pabx: [11] 5061-9262 | 5061-8075 | fax: [11] 2589-9263
home page: www.parabolaeditorial.com.br
e-mail: parabola@parabolaeditorial.com.br

ISBN: 978-85-7934-147-2

1ª edição - 3ª reimpressão, agosto de 2024

Sumário

Introdução

José Ribamar Lopes Batista Jr.
Denise Tamaê Borges Sato
Iran Ferreira de Melo

A análise de discurso é um grande "guarda-chuva" no qual se abrigam diferentes abordagens e perspectivas, tais como a linguística sistêmico-funcional, a análise de discurso multimodal ou multimodalidade, a análise de narrativa, a análise de discurso mediada, a análise da conversação, a análise de discurso baseada em *corpus*, entre outros.

Nesse bojo, encontra-se a Critical Discourse Analysis (CDA), em inglês, ou a denominação brasileira análise de discurso crítica (ADC), pela qual optamos nesta obra. A ADC, por sua vez, possui diferentes vertentes, como a abordagem cognitiva, de Van Dijk, e a perspectiva histórica, de Wodak, além da abordagem de Fairclough sobre o capitalismo. Contudo, essas vertentes da ADC são de um mesmo grupo de estudos, de modo que houve consenso em denominar como ADC a proposta de Fairclough, tendo em vista ser esse pesquisador o seu maior nome. Essas vertentes possuem em comum a preocupação social, a utilização da pesquisa para desvelamento de situações assimétricas de poder e a transdisciplinaridade. Neste livro utilizamos o termo ADC para designar a abordagem de Fairclough, embora a obra não seja exclusivamente sobre o autor.

Norman Fairclough cunhou o termo análise de discurso crítica em 1985 no *Journal of Pragmatics* (Fairclough, 2001). Desde então, ele, Wodak e Van Dijk, além de outros pensadores, vêm contribuindo para o enriquecimento dos estudos em ADC, tendo se tornado conhecidos como o Grupo de Lancaster. No Brasil, a pesquisadora Izabel Magalhães, da Universidade de Brasília, vem sendo a pioneira na utilização da teoria em suas pesquisas desde 1985.

Podemos compreender a ADC como o estudo da linguagem em uso. O uso da linguagem é entendido como as ações que produzimos com os textos no interior das atividades sociais. Desse modo, textos orais e escritos participam das ações, intermediando e organizando as práticas humanas. A ADC vai se ocupar de investigar a linguagem em uso, situando-a em um contexto específico, bem como dos resultados dessas ações e dos discursos que sustentam e moldam as práticas. Há, portanto, um olhar para o texto e outro para a realidade social, de forma que a investigação da ação por meio de textos orais e escritos em contextos específicos construa a coerência do significado.

A ADC não se ocupa apenas da articulação entre palavras, das escolhas de termos carregados de ideologia utilizados pelos preconceitos ou pela dominação; tampouco se ocupa da forma gramatical de que os textos revestem o discurso. A ADC busca a explanação dos fenômenos sociais, desvelando o modo como o discurso, enquanto linguagem em uso, participa dessa construção, estabilizando distorções sociais. Para tanto, é preciso posicionar as pessoas, seus papéis, seu nível de poder e descrever a dinâmica social, entrevendo nas marcas dos textos as estruturas sociais que moldam as diferenças resultantes da riqueza ou da pobreza, por exemplo.

As práticas sociais são modos mais ou menos estabilizados de produção da atividade humana que se comunicam entre si, formando uma rede, na qual o discurso tece a regularidade dos sentidos/sentimentos (Chouliaraki; Fairclough, 1999; Harvey, 1996). O discurso é visto também como uma prática social. A prática discursiva envolve o ciclo de produção, distribuição e consumo dos textos. As atividades sociais específicas produzem seus efeitos a partir dos textos. A circulação desses textos (prática discursiva) no contexto específico obedece a regras e a funções específicas que veiculam discursos nas entrelinhas e na concepção da função e dos papéis. Assim, os textos têm função mediadora perante a prática social (Fairclough, 2001: 35-36). Como ilustração, podemos mencionar a prática doméstica que tangencia a prática escolar, a prática de saúde, a prática da produção agrícola, a prática jurídica/legal, e assim por diante.

No bojo das práticas sociais, a circulação dos textos produz efeitos e sua dinâmica pode ser alterada porque as hegemonias são sensíveis e mudam o polo de poder à medida que novas articulações são construídas. Para cada articulação da prática social[1] há um conjunto

---

1 As práticas são resultado das articulações entre seus elementos. O conceito de articulação é utilizado por Laclau e Mouffe (1985) para definir poder: a hegemonia é vista como a manutenção dessas articulações entre os elementos sociais. Há, portanto, possibilidade de desarticulação para a construção de novas articulações. Nesse sentido, a hegemonia organizada em redes

de conhecimentos e de textos (gêneros discursivos) que organizam e estabilizam o modo de ação. Gêneros discursivos, portanto, são formas de linguagem oral ou escrita mais ou menos estáveis, com configuração funcional e conteúdos similares. Uma bula, a receita médica, prontuário, entre outros, são exemplos de gêneros discursivos da prática da saúde, mais ou menos semelhantes e com as mesmas informações, ainda que oriundos de ambientes diversos. Essa estabilidade se dá pela prática que, ao ser compartilhada, exige a compreensão comum entre os participantes.

Nesse sentido, os textos são modificados em razão da introdução de mudanças, como o acesso a novas tecnologias, discursos ou conhecimentos. Para atender a essas novas configurações das práticas, surgem novos gêneros discursivos a partir dos gêneros existentes, que carregam novas ideologias, significados e agrupam novos elementos das práticas sociais (pessoas, posições de poder, materiais, crenças/valores/desejos e discursos). Na prática médica, a existência de aplicativos que medem e monitoram índices de saúde tem forçado mudanças significativas nas práticas das consultas médicas, por exemplo.

A ADC investiga os sentidos ou significados produzidos durante a ação por meio da linguagem em contextos específicos. Os usos contextualizados geram significados para além do que está escrito e produzem ações como os atos ilocucionários[2]. Os gêneros discursivos, parcialmente estabilizados, disciplinam as ações produzidas pelo homem por meio da linguagem. Determinar metas, realizar uma consulta médica, condenar/absolver, casar-se são exemplos de ações que, além de um espaço e de um tempo, exigem o gênero discursivo específico e um conjunto de conhecimentos compartilhados, ideologias, lógica própria e pessoas. Nesses eventos sociais, os participantes envolvidos assumem papéis (funções na prática) e interagem em diferentes níveis de poder e de autonomia. Nesse

de práticas é frágil, destinada a ser finita em razão da constante luta entre os diferentes grupos (Chouliaraki; Fairclough, 1999: 25).

2 Ato ilocucionário é um ato de fala, conceito desenvolvido por John L. Austin. Um exemplo é o enunciado: "Eu vos declaro marido e mulher", ou o juramento de graduação, que passa a produzir efeitos a partir do momento em que é pronunciado.

sentido, a ADC investigará a linguagem utilizada nesses momentos, desvelando situações assimétricas de poder ou desvantagens que se manifestam tanto na linguagem quanto na ação.

As práticas sociais moldam e são moldadas pelo discurso. No desenvolvimento das práticas sociais, a linguagem pode assimilar novos paradigmas ou novos contornos. Essa capacidade de moldar e ser moldada é chamada pela ADC de propriedade dialógica do discurso ou de discurso dialógico, em que as ações são parcialmente discursivas e os elementos das práticas, embora não sejam apenas discurso (por não se reduzirem a esse elemento), são formados, moldados e influenciados pelo discurso. O poder do Estado deriva das leis, do poder de polícia e do aparato bélico. Contudo, é sustentado e difundido pelo discurso. Assim, o poder não é discurso, mas é operado por ele para posicionar as pessoas em papéis que perpetuam o arranjo social.

Pensemos aqui nas mudanças sociais promovidas pelo discurso no contexto das práticas familiares e afetivas. Essas mudanças na formação familiar chegaram ao contexto jurídico, que aprovou leis que modificaram o casamento. Até 2001, não havia o casamento entre pessoas de mesmo gênero social. Para a prática da família tradicional, havia um discurso tradicional de gênero que posicionava o homem como provedor e a mulher, como cuidadora do lar. Nessa configuração social, participava da prática da família tradicional o gênero discursivo "certidão de casamento", que atendia ao conjunto de conhecimentos do contexto.

Os Países Baixos introduziram a nova modalidade de família em 2001, instituindo o casamento *gay* que, saindo do contexto jurídico na forma de lei, repercutiu sobre o gênero discursivo "certidão de casamento", ao passar, no interior da certidão, a explicitar cônjuges de mesmo gênero. Então, já não havia lugar, como parte incondicional do rito do casamento, para o ato ilocucionário: "Eu vos declaro marido e mulher", tão essencial à prática antiga.

Em razão da mudança na instituição familiar, houve a mutação da certidão de casamento com o surgimento do contrato de união estável, um gênero discursivo diverso, mais flexível, seguido de uma nova mudança na própria certidão de casamento, que, por sua vez, também alterou a certidão de nascimento. Nos dias atuais, há espaço para duas pessoas do mesmo sexo como responsáveis, três participantes ou quatro, dependendo do contexto e da configuração da sociedade familiar para a concepção ou registro.

Contudo, a mudança na união foi precedida das mudanças nas formas de separação: do divórcio surgiu o desquite, diferente do acordo consensual de separação. Todos esses gêneros são adaptações de antigos gêneros, mas antes disso, são novos usos, repletos de novas ideologias muitas vezes antagônicas, que, na disputa pelo poder, conferem maior ou menor campo de ação aos participantes, recriando instituições e alterando práticas tidas como sólidas ou fixas em nossa sociedade.

A percepção dessa interconexão entre práticas e discursos, entre ações pela linguagem e elementos da prática social que permitem tais ações é fundamental para a superação de tradições das ciências sociais que ignoram a análise linguística ou da tradição linguística que não abrange as questões sociais. A proposta dada pela ADC foi a combinação da análise do texto com a análise social.

Nesse exemplo do gênero discursivo "certidão de casamento", o discurso do casamento percorre os ambientes familiar, religioso, midiático, jurídico e burocrático, interconectando atores sociais e os demais elementos, mas só podemos acessá-lo indiretamente através das marcas textuais e das práticas. Essa rede discursiva abstrata é chamada de ordem de discurso. Como parte da linguagem, a ordem do discurso é inferida a partir dos textos em um nível mais abstrato, contudo para a confirmação e adequado ajuizamento na análise, a ADC requer outras ferramentas que não apenas o texto.

Fairclough, em seu trabalho sobre linguagem, tem desenhado a ADC a partir de uma base transdisciplinar, em diálogo com as ciências sociais, com o objetivo de aprofundar o estudo do papel da linguagem nas articulações das práticas sociais, principalmente, no contexto atual da mundialização da comunicação e do comércio, conhecido como globalização.

A crítica em ADC caminha em dois sentidos. O primeiro diz respeito ao valor atribuído à ética, à justiça e a decência no processo de análise. Tendo um ponto de partida ético, a análise se volta para a correção de desvantagens sociais, motivo pelo qual busca interpretar esses problemas, posicionando os atores e as instituições, a fim de abordar os fatores condicionantes das situações de desvantagem social. O(a) analista, para iniciar seu trabalho de análise, precisa formalizar o problema social para o qual convergirão seus esforços, posicionando-se fortemente para deixar evidenciadas as marcas desse processo de análise na redação de seu trabalho (Fairclough, 2003).

Em segundo lugar, o problema social, objeto da pesquisa em ADC, igualmente exige do(a) analista a decisão de descrever a realidade promovendo sua explanação para alcançar a compreensão das articulações ou arranjos sociais que levam à injustiça presenciada. Logo, a análise é construída sobre um juízo de valor acerca do certo e do errado, do justo e do injusto, que difere de algumas estratégias em pesquisa que buscam a neutralidade nos experimentos. A ADC não é neutra. Ela sempre se posiciona criticamente. A crítica em ADC caminha, dessa forma, em duplo sentido — tanto normativo, (aplicando juízos de valor) em seu ponto de partida, quanto explanatório, ao desvelar os mecanismos e articulações sociais que perpetuam as relações de poder.

A contribuição da ADC está em oferecer à ciência social um olhar sobre o papel da linguagem e, simultaneamente, contribuir para a análise linguística com um parâmetro de análise social. A proposta da análise de discurso crítica é fornecer um arcabouço teórico e metodológico capaz de subsidiar a pesquisa social. Em razão de seu objeto — a linguagem —, ela busca fazer com que os cientistas sociais das diferentes áreas possam lançar mão dessa ferramenta para dizer algo sobre a linguagem em suas pesquisas, embora a linguística possa não ser o foco de seus trabalhos. A ADC compreende a semiose como parte irredutível dos processos sociais. A semiose são os significados coletivamente atribuídos nos quais estão representações de grupos ou conceitos. Como as imagens, a linguagem corporal e a própria língua são semioses, o estudo do discurso pode ser explorado em diferentes configurações (Fairclough, 2000).

Roupas, embalagens, fotografias, anúncios, músicas, leiautes, cartazes/panfletos, *sites*, cardápios, arquitetura e mesmo o projeto urbano de uma cidade podem ser analisados pela ADC se tomarmos os discursos que participaram da construção dessas semioses naquele contexto histórico. A análise fará a conexão entre as práticas e os discursos contidos na atividade que desembocou no produto social analisado. No entanto, há que buscar a ordem do discurso, por meio do compartilhamento dos discursos nos diferentes contextos das práticas sociais próximas entre si.

O estudo a partir de diferentes semioses é possível em razão do fato de a realidade ser parcialmente reflexiva. A reflexividade é a capacidade de mudança a partir da incorporação de novas tecnologias, valores ou conhecimentos. Ao incorporar novos conceitos, os indivíduos passam a agir em consonância com sua nova identidade. Nas palavras de Giddens:

> Com o advento da modernidade, a reflexividade assume um caráter diferente. Ela é introduzida na própria base de reprodução do sistema [...] A reflexividade da vida social moderna consiste no fato de que as práticas sociais são constantemente examinadas e reformadas à luz de informação renovada sobre estas próprias práticas, alterando assim constitutivamente seu caráter (Giddens, 1991: 45).

As sociedades alteram suas formas de ser e de agir ao buscar estratégias de renovação do conhecimento, na expectativa de que a mudança ocorra por meio das atitudes. Ao tomar consciência da dominação, o indivíduo busca superá-la, lutando contra os fatores que determinam a desvantagem social. Desse modo, a incorporação de novos valores ou conhecimentos é traduzida na identidade pelas marcas discursivas e materiais (vestimentas, instrumentos e assim por diante), que permitem ao analista perceber quais valores determinado grupo assume.

Ainda segundo Giddens (2009), a agência é a habilidade que confere ao indivíduo o poder de transformar a vida, a capacidade de suportar e superar a coerção, mesmo aquela mais extrema, ainda que haja limites ou restrições de ordem física, econômica ou política. Pela reflexão, o indivíduo sente que detém em si conhecimento e capacidade. A agência promove a ação a partir dessa consciência, buscando aprender a intervir e modificar o fluxo social, seu contorno, observando, avaliando e modificando constantemente a si mesmo em face das circunstâncias externas.

Em situações de dominação, dominados e dominantes compartilham a sensação de normalidade da prática, identificados com posições e atividades. A partir da reflexão, surge a vontade da mudança, mas a agência não é um atributo individual e sim das articulações no bojo das práticas. A simples reflexividade não dá ao indivíduo ferramentas para agir, mas sim a consciência de que é possível atuar pela mudança. Para que a agência surja, é preciso haver mudança nas relações que abram espaço para a mudança efetiva aflorar. A organização dos eventos, a reunião de elementos favoráveis, a junção de pessoas e a oportunidade histórica, somadas às habilidades pessoais de convencimento e de influência sobre os demais, formam um conjunto favorável a um grupo específico, envolvido em um projeto em torno de uma estratégia no bojo de uma rede de relações sociais através de formas emancipatórias de interação social.

A visão de processos da prática social — como a hegemonia, a ideologia e o poder — deve ser evidenciada também no estudo das práticas discursivas (produção, distribuição, consumo, contexto, força, coerência) e no objeto texto analisado (vocabulário, coesão, estrutura textual) para que a análise de discurso crítica possa contemplar tanto a análise textual quanto a análise social.

Dessa forma, a ADC constitui, ao mesmo tempo, um método de análise e uma teoria acerca do discurso em uso na formação social. Para realizarmos a análise precisamos entender que as semioses participam de práticas específicas (textos) que carregam uma representação (discurso) na qual se baseiam os indivíduos na construção de suas identidades (estilos). As maneiras de ser, vestir, falar compõem os estilos que são as identidades em seu aspecto semiótico (Chouliaraki; Fairclough, 1999). A vida de pessoas que dependem de auxílio financeiro do Estado é traduzida pelo poder público na forma de ações. Por exemplo, o cadastro para o Programa Bolsa Família via "formulário", que carrega uma representação do papel do Estado e da pessoa a ser atendida. Essas representações formam identidades que se manifestam em estilos, que não permitem, por exemplo, que o candidato à bolsa chegue ao poder público dirigindo um carro próprio com motorista particular.

Segundo Fairclough (2010):

> A ADC oscila entre a ênfase na estrutura — nas mudanças na estruturação da diversidade semiótica (ordens de discurso) — e a ênfase na ação — no trabalho semiótico produtivo que acontece nos textos e interações. Nas duas perspectivas, o que importa são as articulações em mudança entre gêneros, discursos e estilos, a mudança da estruturação social entre esses elementos na estabilidade e permanência nas ordens de discurso e uma continuidade no trabalho das relações entre eles em textos e interações.

Segundo Chouliaraki e Fairclough (1999), temos de dar os seguintes os passos:

(a) Identificar um problema na prática social que precise ser desvelado. O problema é a crítica normativa, que define o certo e o errado, o justo e o injusto. Assim, o problema a ser desvelado deve estar inserido como algo que possa resultar em reflexividade e agência para aqueles que permanecem subjugados e/ou em posição de desvantagem social.
(b) Identificar as redes de práticas em que o problema está inserido, verificando os diferentes discursos carregados pelas representações. Nessas representações, estão o poder e a ideologia.
(c) Perceber a ação do discurso e da ordem de discurso — os textos produzidos, distribuídos e veiculados, a posição dos participantes, as relações que regulam essa ordem do discurso.

(d) Aplicar à análise do texto (gênero discursivo) as categorias de análise textual com vistas a confrontar na instância discursiva o que foi observado na análise das práticas.
(e) Refletir sobre o papel das práticas em relação às configurações do texto, discriminando a participação das práticas no problema estudado.
(f) Verificar possíveis caminhos de superação no bojo das práticas sociais e nos discursos.
(g) Refletir explanando as relações entre os elementos da prática com vistas ao desvelamento do problema, explicitando as articulações hegemônicas para possível superação da realidade observada.

Ao analisar criticamente a linguagem e as semioses na configuração dessas práticas, a linguística abre um grande leque de possibilidades para os cientistas sociais críticos, se firmando como ciência social e, ao mesmo tempo, permitindo que diferentes áreas e abordagens encontrem um elemento comum congruente — as semioses, como ponte para a crítica.

Nesta obra, pretendemos dialogar com esses cientistas que buscam na linguagem uma ferramenta de trabalho, embora não necessariamente apresentem experiência na análise linguística. Ao longo dos capítulos deste livro, buscamos fazer com que os temas ventilados recebessem o tratamento mais adequado para que, assim, possam realmente auxiliar. Esse é o nosso desejo.

PARTE 1

Teoria

CAPÍTULO 1

Histórico da análise de discurso crítica

Iran Ferreira de Melo

1. Para início de conversa

O exercício científico-acadêmico tem duas importantes funções que, embora pareçam se opor, correspondem à dupla face essencial ao trabalho intelectual:

(1) aprofundar os conhecimentos sobre determinado objeto de estudo, para que o sujeito-pesquisador consiga, da forma mais producente possível, dirigir à sociedade os resultados de sua investigação científico-acadêmica, delimitando as características e/ou as funcionalidades desse objeto em prol do desenvolvimento social;
(2) ampliar as possibilidades de o sujeito-pesquisador interagir com os traços socioculturais e políticos que contextualizam e constituem seu objeto de estudo, compreendendo o valor universal das ciências e filosofias como um idioma para se comunicar com as várias demandas, manifestações e aplicabilidades de tal objeto.

Assim, é no cruzamento desses dois vetores que se fundam as pesquisas acadêmico-científicas de enquadre crítico nos estudos linguísticos, para as quais o primeiro — isto é, a *verticalidade do aprofundamento do saber* — se realiza por meio de uma revisão epistemológica das características, do funcionamento e dos efeitos da linguagem humana no interior de uma sociedade fraturada por várias expressões de desigualdade social e o segundo — qual seja, a *horizontalidade do diálogo que esse saber abrange* — ocorre através das correlações possíveis entre a estrutura linguística e a estrutura social, demonstrando que a linguagem é capaz de construir uma visão particular de mundo por parte dos seus falantes, ao mesmo tempo em que "é derivada da relação que os falantes têm com as instituições e a estrutura socioeconômica das sociedades de que fazem parte, sendo tal visão disponibilizada e confirmada pelo cunho ideológico dessas mesmas sociedades" (Fowler; Kress, 1979: 185)[1].

[1] Todas as traduções, neste texto, são de minha autoria, exceto as que estão assinaladas nas referências.

Na perspectiva desse enquadre crítico sobre a linguagem, o enfoque de uma investigação científica foge à ideia positivista de tomar a sociedade como fato objetivo e o uso da linguagem, como sua projeção. Mais do que isso, abordagens desse tipo concebem que o significado linguístico é inseparável dos sistemas de ideologia[2] e que ambos dependem da estrutura social (Bakhtin [Voloshinov], 2004). Assim, esse enquadre aponta para o entendimento de que a linguística contemporânea precisa desconstruir os significados tomados como óbvios, ou as "agendas ocultas" presentes nos textos, expondo elementos indiciais reprodutores da organização social que privilegiam certos grupos e indivíduos em detrimento de outros, por meio de formas institucionalizadas de ver e avaliar o mundo (ideologias) ou pela preservação de poderes de grupos dominantes (hegemonia), uma vez que "a linguagem projeta, permanentemente, relações e estruturas sociais, de acordo com os desejos dos participantes, geralmente os do(s) participante(s) mais poderosos" (Pedro, 1997: 33).

Como resposta ao irrecusável compromisso que nos cobram a vida hodierna, suas práticas e seus discursos, é imperativo partir dessa perspectiva crítica para reinventar o modo como tradicionalmente pensamos a relação entre a sociedade e a linguagem, exigindo "do cientista em geral (e do linguista, em particular) procurar ver 'com novos olhos' os fatos, porque é destas novas visadas que a ampliação do conhecimento acaba por surgir" (Borges Neto, 2004: 8).

***

2 O conceito de ideologia requer cuidados vários na sua utilização. O leque dos seus significados é tão vasto, que muitos deles são, por vezes, incompatíveis entre si, como provado por Terry Eagleton (1997) em sua listagem de dezesseis definições possíveis do conceito (para citar alguns: "Um corpo de ideias característico de determinado grupo ou classe social; ideias que ajudam a legitimar um poder político dominante; comunicação sistematicamente distorcida; aquilo que confere certa posição a um sujeito; [...] conjuntura de discurso e poder; veículo pelo qual atores conscientes entendem o seu mundo; conjunto de crenças orientadas para a ação" [Eagleton, 1997: 16-17]). Neste capítulo, usarei a palavra "ideologia" para indicar a ideia de um sistema de pensamento, valores e crenças que denota um ponto de vista particular sobre o real e aspira à preservação ou à mudança da ordem social, bem como possui implicações na consciência que dela têm os sujeitos (Kress, 1990; Gouveia, 1997; Resende; Pereira, 2010). A ideologia é, nessa perspectiva, entendida como um elemento criativo e constitutivo das nossas vidas enquanto seres sociais, não uma ferramenta de ofuscamento da verdade que leva necessariamente a uma falsa consciência (Chauí, 2004).

Apresento aqui um grupo de teorias que possibilitam pensar de que modo uma entonação específica, um pronome, uma manchete jornalística, um tópico, um item lexical, uma metáfora, uma cor ou um ângulo de câmera, entre uma gama de outras propriedades semióticas do discurso, se relacionam a algo tão abstrato e geral quanto as relações de poder na sociedade. Isto é, um grupo de teorias que não descarta a análise textual para a análise social do discurso, mas, ao contrário, busca relacionar propriedades típicas do micronível da escrita, da fala, da interação e das práticas semióticas a aspectos comuns ao macronível da sociedade como grupos, organizações ou outras coletividades e suas relações de dominação (Van Dijk, 2008).

Trata-se dos postulados teóricos concebidos pelo paradigma de investigação linguística e social denominado análise crítica do discurso (ADC), cujo escopo ocupa-se, *lato sensu*, dos efeitos ideológicos que os sentidos de textos, como instâncias de discurso, podem ter sobre as práticas sociais, isto é, sobre as formas de os indivíduos agirem no mundo e interagirem com ele, representarem aspectos do mundo e de si mesmos e construírem identidades sobre si e sobre outrem. Esse paradigma serve como um produtivo recurso para a análise de como os sentidos atuam a serviço de projetos particulares de dominação e exploração, contribuindo para sustentar ou modificar conhecimentos, crenças, atitudes ou valores (Chouliaraki; Fairclough, 1999).

A ADC compreende que a representação por meio da linguagem significa uma forma de práxis e não apenas um modo de refletir a realidade (Fairclough, 2001). O processo de representação da realidade, segundo essa perspectiva de estudo, é visto como uma atividade construída no próprio processo discursivo [na interação entre os(as) usuários(as) da língua], ou seja, faz referência à realidade, ao mesmo tempo em que a constitui (Fairclough, 2003). Assim, para a ADC, o mundo não nos é dado, mas o formulamos num fluxo de nossas interações sociais, que formam, através de práticas discursivas, versões da realidade que se realizam *na* linguagem, e não *a partir* dela. Por conta disso, essa abordagem teórica da linguística contemporânea funciona como um imprescindível instrumental de investigação do discurso para entender as muitas desigualdades sociais materializadas em práticas de discriminação social, preconceito, abuso de poder e violência simbólica (Fairclough; Wodak, 1997; Ramalho; Resende, 2011).

À ADC também interessa o papel do discurso na mudança social e nos modos de organização da sociedade em torno de objetivos emancipatórios, o que a insere num paradigma interpretativo crítico da realidade, pelo qual busca oferecer suporte científico para estudos sobre o papel do discurso na instauração/manutenção/superação de problemas sociais (Titscher *et alii*, 2000; Magalhães, 2010). A seguir, apresentarei seus princípios norteadores e alguns de seus dispositivos teóricos.

2. O "c" de "crítica" em ADC

No conjunto das teorias sociais contemporâneas, cada vez mais, cientistas têm se interessado em examinar práticas sociais outrora concebidas como isentas de ideologia. Nesse contexto, uma das palavras de ordem mais constante é, sem dúvida, *criticidade*, termo que, desde as teorias apresentadas pelos membros da Escola de Frankfurt, norteia muitos campos do conhecimento que passaram a postular o lugar de *ciências críticas*[3]. Campos esses que, segundo a linguista austríaca Ruth Wodak (2005b), não se concentram apenas em questões puramente acadêmicas ou teóricas. Tomam também, como ponto de partida, problemas sociais predominantes e latentes, adotando uma posição política explícita sobre eles e analisando os meios em que ocorrem, quem são seus responsáveis e como resolvê-los. Segundo Wodak, podemos distinguir as ciências definidas como críticas em função de três traços dos seus posicionamentos epistemológicos:

[3] A Escola de Frankfurt corresponde ao agrupamento dos trabalhos que alguns intelectuais alemães de orientação marxista (Theodor Adorno, Max Horkheimer, Walter Benjamin, Herbert Marcuse, entre outros) desenvolveram no início do século XX. A Escola de Frankfurt sistematizou as primeiras teorias críticas sobre a sociedade de consumo e produziu pesquisas sobre como a lógica capitalista interfere no desenvolvimento humano. Essa tradição de estudos legou diferentes correntes teóricas das ciências humanas (Zuin; Pucci; Ramos-de-Oliveira, 1998; Guareschi, 2005; Vandenbergue, 2010).

(1) **O tipo de evidências que elas são capazes de apontar** — as ciências críticas não revelam realizações do mundo, mas descrevem e avaliam o processo de encobrimento naturalizado dessas realizações (em geral, situações de opressão), bem como suas causas e efeitos, isto é, elas exploram o que não é visível, mas, de algum modo, perceptível no convívio social, como as manifestações ideológicas que aparelham inúmeras práticas de nossas vidas, levando-nos a acreditar que essas práticas sempre foram como são, *in natura*. Desse modo, as ciências críticas denunciam um estado de coisas ofuscado por interesses particulares.

(2) **O grau de envolvimento com o objeto analisado** — as ciências críticas não têm como propósito a manipulação bem-sucedida de um mundo externo a si, sendo, desse modo, de caráter meramente instrumental. Elas possuem, sim, caráter reflexivo, na medida em que se reconhecem no mundo do objeto que analisam e, portanto, tratam, em parte, de si mesmas e de seus problemas, por isso são *engajadas*.

(3) **O modo como se relacionam com o público de suas pesquisas** — um dos principais objetivos das ciências críticas consiste em jogar luz sobre a reflexividade dos sujeitos, para que eles consigam compreender o que subjaz ao notório, munindo de ferramentas perceptivas principalmente aqueles(as) que se encontram em desvantagem social, buscando tornar essas pessoas conscientes das coerções ocultas que sofrem, permitindo que elas se livrem dessas opressões e alcancem uma posição que lhes possibilite determinar onde se encontram seus verdadeiros interesses. Por esses motivos, as ciências críticas podem ser consideradas pedagógicas.

Esse modo **denunciativo**, **engajado** e **pedagógico** de investigar a realidade encontrou refúgio em modelos teóricos da linguística no último quartel do século XX, momento em que essa ciência reorientou seu foco de investigação — que recaía predominantemente sobre estruturas formais isoladas (abordagens formalistas) — para a perspectiva de análise sobre o funcionamento do processo de produção e consumo de textos orais e escritos sócio-historicamente situados (abordagem funcionalista ou discursiva). Tais modelos ensejaram o surgimento de pesquisas que contemplam o papel do cientista da linguagem como analista crítico da relação que as práticas linguísticas mantêm com outros elementos das práticas sociais, demonstrando cientificamente que a capacidade linguística de produção de significado é um produto da estrutura social, mas que, ao mesmo tempo, essa estrutura social, agenciada por grupos e relações sociais, influencia o comportamento linguístico e não linguístico dos sujeitos, incluindo sua atividade cognitiva (Van Dijk, 2004b).

A partir dessa abordagem dialética entre a linguagem e o funcionamento estrutural da sociedade e segundo os padrões de uma ciência crítica, surgiu, nas últimas décadas, um programa de pesquisas que parte do princípio de que a análise linguística pode contribuir como instrumento imprescindível para o estudo das relações de poder que se manifestam discursivamente e geram desigualdades no acesso a bens materiais e simbólicos da sociedade atual (Wodak, 2005a; Van Dijk, 2008). Trata-se da perspectiva de estudos linguísticos denominada ANÁLISE DE DISCURSO CRÍTICA[4].

3. A ADC como análise de discurso

A ADC é uma abordagem que não corresponde em si a uma disciplina da linguística (nos moldes da linguística de texto, da sociolinguística, da análise da conversação, entre outras), mas a uma

---

[4] A designação para essa abordagem não é homogênea entre os(as) pesquisadores(as) brasileiros. Há uma discussão sobre se a melhor tradução para Critical Discourse Analysis (forma como essa perspectiva de estudos ficou internacionalmente conhecida) é ANÁLISE DE DISCURSO CRÍTICA ou ANÁLISE CRÍTICA DO DISCURSO. A primeira é adotada por membros dos grupos de pesquisa da Universidade de Brasília, para quem o debate em torno do uso dessa lexia não é "mera questiúncula terminológica. Há uma razão para isso [...] no Brasil, a tradição de estudo do discurso é forte [...] [e] se consolidou [...] com a expressão *análise de discurso*" (Magalhães, 2005: 2, destaque da autora), motivo que levaria os(as) pesquisadores(as) a usarem o epíteto "crítica" após tal expressão. Já a segunda tradução é usada por linguistas de várias instituições brasileiras que se inspiram principalmente no título do livro *Análise crítica do discurso: uma perspectiva sociopolítica e funcional*, primeira coletânea de artigos e ensaios em português, na esteira dos estudos críticos da linguagem difundidos no Brasil. Tais linguistas utilizam essa forma por entenderem que ela traduz a ideia central da abordagem em questão, qual seja, um enfoque crítico e social às análises de discursos variados e também por afirmarem que se trata da real tradução do nome em inglês.

forma de investigação que linguistas já filiados a diferentes disciplinas assumem ao analisar a linguagem, oferecendo suporte científico para o questionamento de problemas sociais que engendram poder por meio da manutenção e transformação de representações, identidades, sistemas de crença e conhecimento e relações sociais (Chouliaraki; Fairclough, 1999; Fairclough, 2001, 2003; Leal, 2009; Magalhães, 2010). Sendo assim, para alcançar seus objetivos, pesquisadores(as) da linguagem que se reconhecem como analistas críticos(as) do discurso procuram usar teorias já propostas pelas ciências sociais — e, em alguns casos, reestruturá-las —, explicando a relação que elas podem manter com a linguística e projetando estratégias pedagógicas para a conscientização e o empoderamento social. Essas características os situam como intelectuais engajados(as) em pequisas que possuem cariz tanto teórico quanto aplicado, "uma exigência da relação teoria/prática sem a qual a teoria pode ir virando bláblábláe a prática, ativismo" (Freire, 2007: 22).

Esse paradigma de pensamento resultou da publicação, em 1984, do primeiro livro sobre racismo escrito pelo linguista holandês Teun van Dijk, *Prejudice in Discourse*, e das obras *Language and Power* e *Language, Power and Ideology*, respectivamente de autoria do britânico Norman Fairclough e da linguista Ruth Wodak, ambas lançadas em 1989. No entanto, o termo "análise de discurso crítica" foi usado pela primeira vez por Norman Fairclough, então professor da Universidade de Lancaster, em um artigo intitulado "Critical and Descriptive Goals in Discourse Analysis", publicado no periódico *Journal of Pragmatics* em 1985. Nele, Fairclough separa dois tipos de análise do discurso, identificáveis em função dos objetivos de análise e da orientação social sobre o discurso[5]: as *abordagens críticas* e as *abordagens não críticas*.

---

[5] O conceito de discurso não é simples, sobretudo porque há várias definições conflitantes formuladas com base em diferentes perspectivas teóricas (Fairclough, 2001). No interior da linguística, o termo "discurso" é bastante usado com referência a amostras ampliadas de textos falados e escritos, como a estrutura organizacional de uma notícia (Adam, 2008). Mais comumente, entretanto, "discurso" é utilizado como interação, processos de produção e interpretação da fala e da escrita, produzindo a noção de texto como produto do discurso (Bronckart,

Para Fairclough, tais abordagens diferem quanto à forma como os(as) analistas enxergam a relação entre discurso, poder e os efeitos constitutivos que a linguagem exerce sobre os indivíduos, as relações sociais e os sistemas de conhecimento e crença (Fairclough, 1985). Assim, entre as abordagens críticas, ele lista as análises de discurso. Já naquelas que chama de não críticas, ele inclui a pragmática, que, segundo ele, concentra-se apenas nas ações, intenções e estratégias individuais dos falantes, negligenciando o poder presente nas interações; também para ele a análise da conversação constrói a interação verbal num vácuo social, ao não considerar as assimetrias decorrentes do poder social, comumente investidas nas interações em geral; e a sociolinguística, ainda segundo ele, é uma disciplina que se detém apenas na descrição da relação que a cultura mantém com os traços linguísticos, sem perceber como a linguagem é capaz de transformar os fatos culturais (Fairclough, 1985, 2001).

Por outro lado, para Fairclough (1985), as abordagens críticas, muitas vezes, concentram-se mais nas ações e estruturas sociais (ao modo das ciências sociais) do que na relação que elas mantêm com a linguagem. Sendo assim, o que leva a ADC a diferir essencialmente de outros estudos que apresentam propostas semelhantes é o fato de ela conciliar a análise linguistica com a análise social, reconhecendo a relação intrínseca que há entre elas. Por isso, podemos dizer que, muito além de uma proposta estritamente científica da linguagem, a ADC corresponde a uma abordagem crítica que ultrapassa o seio das entidades de pesquisa, para compreender, desvelar e opor-se às desigualdades sociais de todos os tipos (Van Dijk, 2005a), assumindo o ponto de vista de uma abordagem empenhada em construir ações de fortalecimento da consciência daqueles(as) que se encontram em situação de subalternidade (Spivak, 2000). Ela se ocupa dessas questões partindo de uma perspectiva que tente ser coerente com o que é mais adequado para os interesses dos grupos

---

1999). Essa palavra também é bastante usada pelas ciências sociais e pela filosofia (Connerton, 1976), como, por exemplo, na obra de Foucault (2009), significando os diferentes modos de estruturação das áreas de conhecimento e das práticas sociais.

dominados e reflete sobre as experiências e opiniões dos membros desses grupos, contrapondo-se aos vários tipos de opressão e avaliando os problemas que levam as pessoas a se tornarem subalternas (Van Dijk, 2005a).

4. Breve histórico da análise de discurso crítica

Apenas no início da década de 1990, a ADC se consolidou como uma rede internacional de estudos, quando os linguistas Teun van Dijk, Gunther Kress, Ruth Wodak, Theo van Leeuwen e Norman Fairclough se reuniram num pequeno simpósio realizado durante dois dias do mês de janeiro de 1991, em Amsterdam, para discutirem aspectos linguístico-discursivos que ajudam no desvelamento de importantes elementos da vida social e suas propostas de trabalho a partir deles (Wodak, 2005a; Pedrosa, 2008). Nesse simpósio, diferenças e similitudes de olhares sobre a linguagem foram expostas, principalmente em relação a outras teorias e metodologias em análise de discurso e a um programa estruturador das abordagens teóricas apresentadas (Wodak, 2005a).

Cada membro desse grupo trilhou caminhos específicos, dependendo das conexões teóricas estabelecidas. Mas sua diversidade, como as peças de um quebra-cabeça, gerou a unidade pelo compartilhamento da proposta, assim como pelo compromisso ético-político que o sustenta, qual seja, a vontade de lutar pela transformação social em busca de formas de sociabilidade menos pautadas pela desigualdade e pela opressão (Titscher *et alii*, 2000). Por isso, o simpósio de 1991 culminou com uma parceria — durante três anos junto ao programa de intercâmbio ERASMUS[6] — entre as universidades dos(as) pesquisadores(as) presentes, em vários projetos conjuntos

---

[6] ERASMUS (European Region Action Scheme for the Mobility of University Students) é um programa de apoio interuniversitário, estabelecido em 1987, para a mobilidade de estudantes e docentes do ensino superior entre estados membros da Comunidade Europeia. A rede que foi construída para a ADC a partir desse programa incluiu inicialmente participantes do Reino Unido (Norman Fairclough, Gunther Kress e Theo Van Leeuwen), da Áustria (Ruth Wodak), da Holanda (Teun Van Dijk), da Itália (Paul Thibault) e da Suécia (Per Linell). Logo depois, ela foi ampliada a participantes da Grécia (Bessie Dendrinos), Portugal (Emília Ribeiro Pedro) e Espanha (Luisa Martín Rojo).

e em colaborações que envolviam esses(as) cientistas. Também, a partir desse encontro, passaram a ocorrer simpósios anuais que tinham em comum o tipo de pesquisa em ADC. Lançou-se, em 1993, uma edição especial da revista *Discourse and Society*, que reuniu as abordagens mencionadas, e, cada vez mais, linguistas do mundo inteiro se interessaram pelos pressupostos dessa perspectiva. Desse modo, uma diversidade de métodos foi surgindo e ampliando a agenda da ADC.

Entre os mais conhecidos enfoques da ADC, podemos citar, de acordo com Wodak e Meyer (2009):

(1) **a abordagem sociocognitiva** (AS) — versão que tem como expoente o linguista holandês Teun van Dijk (2005a, 2005b, 2008) e está eminentemente centrada na reprodução ideológica por meio do discurso e principalmente nos meios de comunicação. Ela utiliza os estudos da psicologia social e a teoria das representações sociais para tratar da representação de modelos mentais que orientam a ideologia. Além disso, entende os estudos da cognição como fortes aliados no descortinar as práticas ideológicas empreendidas na linguagem;

(2) **a gramática do *design* visual** (GDV) — enfoque cujos mentores são Gunther Kress e Theo van Leeuwen (Kress; van Leeuwen, 2006), pesquisadores que trabalham com a semiótica social, enfocando o caráter multissemiótico em textos da sociedade contemporânea. Eles estudam ainda os propósitos comunicativos, os efeitos de sentido e a manipulação ideológica nos sistemas de imagem existentes na sociedade atual, buscando entender como os recursos desses sistemas podem contribuir para a produção dos muitos sentidos sociais;

(3) **a abordagem histórico-discursiva** (AHD) — também conhecida como Escola de Viena, está representada principalmente pelos trabalhos de Ruth Wodak (1996, 2005b) e de Martin Reisigl (2001) e tem como objetivo pesquisar discursos institucionais racistas, antissemitas, entre outros, numa perspectiva sociolinguística e histórico-discursiva, cujo enfoque está no estudo da argumentação e na retórica.

No Brasil, esses três enfoques filiaram pesquisas em várias instituições, dentre as quais podemos destacar: AS — USP (Gil, 2009), UFPE (Falcone, 2005); GDV — UFPE (Dionisio, 2011), UNB (Vieira *et alii*, 2007); AHD — USP (Oliveira, 2012), UFPI (Pontes, 2009).

5. Princípios da análise de discurso crítica

Ao falar de ADC, conforme Blommaert (2005: 21), estamos nos referindo a "um grupo de pesquisadores(as) que lideram abordagens, cada qual com seus pressupostos específicos, mas que concordam com certos princípios de análise, que se dirigem a questões similares e que desenvolveram algumas ferramentas para isso". É coerente perceber que, mesmo diante da heterogeneidade de abordagens na ADC, conseguimos encontrar continuidades que unificam o campo, entre as quais, segundo van Dijk (2005a) e Resende (2012), podemos destacar os seis seguintes princípios:

(1) **Ímpeto crítico** — Em atividades humanas, as interconexões e as redes de causa e efeito podem ser distorcidas a ponto de saírem do campo de visão (Fairclough, 1985). Por isso a ADC não se centra em elementos especificamente linguísticos (vale também dizer, semióticos). Seus enfoques implicam mostrar conexões e causas ocultas nos textos que constroem e desconstroem práticas dominantes de poder, uma vez que as estruturas hegemônicas e seus discursos estabilizam as convenções sociais e as convertem em algo natural, fazendo com que as mais variadas práticas ideológicas sejam, muitas vezes, tidas como inquestionáveis (Fairclough, 2001). Ao fazer isso e ao dar visibilidade ao que antes pode ter sido invisível e aparentemente natural, os(as) analistas críticos(as) do discurso desvelam o modo como as práticas linguístico-discursivas se imbricam nas estruturas sociopolíticas do poder e da dominação (Kress, 1990), isto é, eles(as) pretendem desenvolver uma atividade crítica diante da realidade que analisam. E, na medida em que as estruturas atuam numa sociedade em detrimento de grupos particulares, esperam produzir mudanças não apenas nas práticas discursivas,

mas também nas práticas e estruturas sociopolíticas que as apoiam. Desse modo, a ADC vem se mostrando como um instrumento capaz de aplicar suas descobertas a questões práticas, possibilitando aos indivíduos se tornarem cada vez mais conscientes das influências da linguagem e da estrutura social.

(2) **Explicitude político-ideológica** — A ADC comunga da ideia de que "a ciência não pode ser vista como uma 'prática em si', pois isso a configuraria num universo que anularia 'a dimensão pragmática da dimensão epistemológica'" (Marcuschi, 2004: 31). Em outros termos, ela não propõe "enclausurar" a ciência como se ela fosse uma prática que em si mesma bastasse, sob pena de perdermos de vista o papel político que ela postula e que é inerente ao exercício do saber. Ao contrário, a ADC busca perceber a ciência como um conjunto de práticas ligado a elementos extracientíficos, quais sejam, a posição ideológica do cientista e o efeito social de sua investigação. É nessa linha de raciocínio e, ao "corrigir uma subavaliação muito divulgada da importância da linguagem na produção, manutenção e mudança social" (Fairclough, 1989: 17), que os(as) analistas críticos(as) do discurso partem do corolário de que devem adotar veementemente uma posição política nas pesquisas que empreendem. Eles(as) explicitam seus propósitos com o objetivo claro de revestir a prática científica de um projeto de intervenção que estreite a relação do conhecimento científico com a sociedade em geral e produza mudanças favoráveis para aqueles(as) que se encontram em situação de desvantagem social (Van Dijk, 2005b). Assumem os(as) analistas críticos(as) do discurso, portanto, que a neutralidade diante das estruturas sociais, numa pesquisa, torna o(a) pesquisador(a) cúmplice de tais estruturas. Por isso, em todas as suas versões, a ADC recusa o mito da isenção científica e, agindo assim, "diferentemente de outros saberes [...] não nega, mas explicitamente define e defende seu próprio posicionamento político. Isto é, a ADC não é neutra — e tem orgulho disso" (Van Dijk, 2005a: 96).

(3) **Transdisciplinaridade** — No mapa conceitual dos estudos contemporâneos sobre discurso, teorias de diversas áreas do conhecimento têm mantido com as ciências sociais críticas estreita

relação teórico-metodológica, sistematicamente estruturada através de pesquisas desenvolvidas por diversos linguistas advindos de áreas como a linguística de texto e a semiótica social, interessados em sociologia, ciências políticas, história e psicologia social. Isso exige um trabalho de articulação e de recontextualização disciplinar que a ADC imprime ao estudo de questões sociais mais amplas do que a linguagem, reconhecendo que a transgressão dos limites entre as disciplinas é um pressuposto básico para a análise de problemas sociais discursivamente manifestados (Harvey, 1996) e uma das principais características para o estabelecimento da teoria na busca por ações transformadoras em prol da consolidação e garantia dos direitos humanos, sociais, políticos, culturais e econômicos nas mais distintas sociedades. A ADC tem uma relação dialógica com outras teorias e métodos sociais. No entanto, engaja-se com eles não apenas de maneira *interdisciplinar*, mas *transdisciplinar*, entendendo que coengajamentos particulares dos estudos discursivos em determinados aspectos do processo social devem suscitar avanços teóricos e metodológicos que transpassam as fronteiras das disciplinas (Fairclough, 2012), não apenas aplicando outras teorias (interdisciplinarmente), mas operacionalizando e transformando outras teorias em favor da abordagem sociodiscursiva (transdisciplinarmente) (Resende; Ramalho, 2006).

(4) **Aplicabilidade** — As pesquisas em ADC não são feitas para as estantes das bibliotecas, tampouco para a satisfação pessoal dos pesquisadores(as) (Resende, 2012). Devem promover resultados concretos de mudança social, atuando como práticas para atender a questões sociais iminentes, sendo propulsoras de transformações no modo de as pessoas olharem e agirem. Em outras palavras, o trabalho da ADC deve estar à disposição de diferentes campos, revestindo-se de uma perspectiva aplicada e colaborativa e se configurando como uma "pesquisa realizada não apenas *sobre* os sujeitos ou *para* os sujeitos, mas [...] *sobre*, *para* e *com* os sujeitos" (Alencar, 2005: 57-58, destaque da autora), através da qual eles possam ter a capacidade de agir criativamente, de operarem suas próprias conexões entre as diversas práticas sociais e as ideologias a que são expostos.

(5) **Acessibilidade** — O estilo hermético deve ser incompatível com os objetivos fundamentais de uma pesquisa crítica, visto que, se os sujeitos a quem interessa tal tipo de pesquisa não conseguem entendê-la, não podem tampouco aprender com ela (Van Dijk, 2005a). A ADC acusa o obscurantismo de promover a imitação cega em vez do discernimento. Por isso, qualquer trabalho realizado por ela deve ser ensinável, claro e acessível na socialização das análises e dos resultados de pesquisa. A ADC busca passar a limpo as coisas mais complicadas e almeja ser simples, sem deixar de ir às raízes dos problemas.

(6) **Empoderamento social** — Com base nos esforços para desenvolver pesquisas aplicáveis e acessíveis, alguns questionamentos da ADC revelam a necessidade de as investigações de seus(as) analistas críticos(as) servirem para "aumentar a consciência de como a linguagem contribui para a dominação de algumas pessoas sobre outras, entendendo a tomada de consciência como o primeiro passo para a emancipação dos indivíduos" (Fairclough, 1989: 1), funcionando, assim, como ferramentas de empoderamento social. A ADC, conforme Titscher *et alii* (2000), vê-se como um selo de pesquisa politicamente envolvida com uma exigência emancipatória. A ADC busca "ter um efeito na prática e nas relações sociais, por exemplo, no desenvolvimento pedagógico, na elaboração de modelos para o uso linguístico não sexista ou em propostas para aumentar a inteligibilidade das notícias e textos jurídicos" (Titscher *et alii*, 2000: 165). Algumas posturas estão ao alcance de pesquisadores(as) críticos(as) para fazerem de suas pesquisas, de fato, formas de empoderamento na direção da justiça social (Resende, 2012), como:

(a) a constituição de redes interinstitucionais compostas por pesquisadores(as) com diferentes origens acadêmicas, compartilhando interesses por problemas sociais particulares e comprometendo-se em divulgar ao máximo os resultados dos projetos de pesquisa articulados, transpondo os limites da academia;

(b) a articulação da ADC com a etnografia em pesquisas de campo engajadas e potencialmente transformadoras dos modos de compreensão da realidade social, podendo resultar em efeitos positivos para os(as) participantes de pesquisas com movimentos sociais que atuam em lutas por direitos e por justiça social;

(c) pesquisas críticas sobre práticas pedagógicas e relações institucionais em contextos diversos, representações discursivas de grupos específicos na mídia e ainda sobre discriminação contra grupos sociais particulares, as quais forneçam respostas sobre os resultados alcançados por atores que servem de objeto/informante.

Esses princípios ligados à agenda da ADC fazem parte das propostas de todas as versões estabelecidas nessa perspectiva, dentre as quais se destaca o modelo de estudos liderado pelo linguista britânico Norman Fairclough, diligente analista crítico e um dos mentores na fundação da rede internacional de estudos que impulsionou as pesquisas em ADC naquele janeiro holandês de 1991. "De todos os modelos da ADC, o modelo de Fairclough parece [...] ser, aliás, o que se apresenta mais coeso e mais apto para responder a solicitações de vários domínios" (Gouveia, 1997: 48), visto que sua principal preocupação centra-se em questões que dizem respeito às relações entre o discurso e a mudança social, ligando as mudanças nas ordens do discurso contemporâneas a mudanças que afetam, em vários aspectos, a vida social hodierna. Em virtude disso, esse modelo serve como um dos baluartes do livro que aqui construímos, na medida em que se mostra capaz de conjugar a razão aos componentes ontológicos e um estudo à produção das bases epistemológicas, metodológicas e políticas que a ADC representa. No capítulo 5: "Teoria social do discurso e evolução da análise de discurso crítica", discorreremos melhor sobre ele.

CAPÍTULO 2

Bases filosóficas da análise de discurso crítica

Solange Maria de Barros

1. Introdução

As bases filosóficas que impulsionaram os estudos críticos de Fairclough (1989, 2001, 2003) surgiram sob a influência do marxismo ocidental, bem como da filosofia da linguagem de Bakhtin (2003 [1929]) e do pensamento de Michel Foucault (2003[1971]). O pensamento marxista ocidental é pedra fundamental para a compreensão da abordagem da análise crítica do discurso (ADC). Outra reflexão que embasou os estudos críticos do discurso foi o dialogismo de Bakhtin (2003), cujos ensaios englobam o domínio das ciências humanas, a exemplo da psicologia, da crítica literária, da semiologia. A vertente filosófica idealizada por Foucault (2001 [1971]) também foi de grande relevância para a construção da ADC. O conceito de discurso por ele idealizado influenciou o pensamento faircloughiano. A seguir, abordaremos sinteticamente as correntes filosóficas que dão sustentação à abordagem da ADC.

2. O marxismo ocidental e a Escola de Frankfurt

O marxismo ocidental está associado à Escola de Frankfurt, nome dado a um grupo de filósofos e cientistas sociais que usavam os estudos da dialética como método para entender o capitalismo, a industrialização, o terrorismo etc. (Adorno; Horkheimer, 1947; Horkheimer, 1972; Marcuse, 1968; Habermas, 1972). Esses pensadores buscavam entender de maneira "crítica" os fenômenos estruturais da sociedade. Compreender o terrorismo através das atrocidades cometidas por Hitler na Segunda Guerra Mundial, por exemplo, era um dos objetivos apregoados por eles. Seguindo Marx, eles se preocupavam com as condições sociais de existência. O termo "crítica" emerge na tentativa de superar os limites do positivismo, do materialismo e do determinismo, buscando a dialética na filosofia de Hegel para entender as contradições da sociedade.

Conforme Marcondes (1997: 233), o principal aspecto da teoria crítica diz respeito à "racionalidade técnica e instrumental", que teria dominado a sociedade moderna a partir da revolução industrial. Contra essa tendência, os pensadores da Escola de Frankfurt procuraram desenvolver uma teoria emancipatória, tendo como base a crítica à dominação. Buscaram inspiração em Marx para desenvolver os conceitos de teoria crítica e de crítica à ideologia, assentados em uma perspectiva filosófica e sociológica.

A teoria crítica passou a ser guiada pelos trabalhos de Habermas (1984), pela razão comunicativa e pela intersubjetividade. Recentemente, alguns teóricos críticos, entre eles Nikolas Kompridis (2006), se opuseram a Habermas (1984), alegando que ele havia solapado as aspirações concernentes às mudanças sociais do capitalismo moderno. Não obstante as diferenças de pensamento desses filósofos, o que impera em suas obras é a crítica radical à sociedade industrial moderna.

O que caracteriza o marxismo ocidental é a autorreflexão dos conceitos de história, de tomada de consciência de classe, de arte, cultura, literatura, considerados como categorias e instrumentos fundamentais para pensar as transformações da sociedade industrializada. O maior interesse dos pensadores da Escola de Frankfurt era pinçar, à luz do pensamento de Marx, inspirações para uma análise crítica e aprofundada da sociedade. Conforme Marcondes (1997: 234),

> [...] os pensadores da Escola de Frankfurt procuraram desenvolver uma teoria crítica do conhecimento e da sociedade inspirados na obra de Marx e em suas raízes hegelianas, relacionando o marxismo com a tradição crítica moderna [...] os "frankfurtianos", como por vezes são conhecidos, não se pretendem comentadores ou intérpretes do pensamento de Marx, caracterizando-se mais no sentido de buscar inspiração no marxismo. [...]

3. Bakhtin e a filosofia da linguagem

Na visão proposta por Bakhtin (2003), a linguagem passa a ser um fenômeno social, histórico, portanto, ideológico, que não separa o individual do social.

A unidade básica de análise linguística é o enunciado. Todo e qualquer enunciado é um elemento linguístico produzido em contexto real, em determinada situação comunicativa. A fala está intimamente ligada às condições da comunicação, que, por sua vez, estão ancoradas nas estruturas sociais. É através da palavra que os conflitos emergem. Na visão marxista da linguagem, Bakhtin propõe uma teoria linguística da ideologia, segundo a qual "a palavra é o fenômeno ideológico por natureza" (Bakhtin, 2003: 36):

> O domínio do ideológico coincide com o domínio dos signos: são mutuamente correspondentes. Ali onde o signo se concentra, encontra-se também o ideológico. Tudo o que é ideológico possui valor semiótico (Bakhtin, 2003: 32).

Desse modo, todos os sistemas semióticos contribuem para expressar a ideologia e são moldados por ela. Ao contrário da filosofia idealista e da psicologia, que situam a ideologia na consciência, Bakhtin corrobora o pensamento marxista ao entender que a ideologia está localizada no signo, uma vez que a consciência só pode existir mediante a materialização em signos através da interação social. São oportunas as palavras de Marx e Engels (2002: 24-25):

> A linguagem [...] é a consciência real, prática, que existe também para os outros homens, que existe, portanto, também primeiro para mim mesmo, e, exatamente, como a consciência, a linguagem só aparece com a carência, com a necessidade dos intercâmbios com outros homens. [...] *A consciência é, portanto, de início, um produto social e o será enquanto existirem homens* (grifos meus).

Bakhtin se apoiava em Marx para explicar as relações entre *infraestrutura* — relacionada com as condições e divisão de trabalho, relações de propriedade etc. — e *superestrutura* — que diz respeito às instituições, estruturas de poder e cultura. Na esteira de Bakhtin, as interações existentes na *infraestrutura* e na *superestrutura* estão intimamente associadas à linguagem. A palavra, segundo ele, penetra todas as relações sociais, é tecida a partir "de uma multidão de fios ideológicos e serve de trama a todas as relações sociais, em todos os domínios" (Bakhtin, 2003: 41).

Bakhtin influenciou o pensamento faircloughiano, principalmente por ser ele o pioneiro na explanação filosófica de linguagem e ideologia. A visão polifônica da linguagem remete a uma cadeia dialógica, na qual várias vozes interagem. Em suas palavras, "o que foi ouvido e compreendido de modo ativo encontrará um eco no discurso ou no comportamento do ouvinte" (Bakhtin, 2003: 290).

A *intertextualidade* e a *interdiscursividade* são categorias relevantes para a ADC. O posicionamento de Bakhtin (2003) é de que textos "respondem" a textos anteriores, bem como antecipam textos posteriores. Suas ideias contribuíram para os estudos de Foucault (2001) sobre a concepção de linguagem e poder.

A linguagem, como espaço de luta hegemônica, é trazida à tona para a compreensão das contradições sociais do poder.

4. Foucault e as contribuições ao discurso

O trabalho de Foucault (2003) é relevante para a teoria social do discurso, fundamentalmente em relação a temas como discurso e poder e o funcionamento do discurso na mudança social. Seus estudos têm como foco um discurso mais específico — o discurso das ciências humanas, como a medicina, a psiquiatria, a economia e a gramática.

A primeira fase de seu trabalho foi denominada arqueologia. Ele diz:

> A arqueologia busca definir não os pensamentos, as representações, as imagens, os temas, as obsessões que se ocultam ou se manifestam nos discursos; mas os próprios discursos, enquanto práticas que obedecem a regras. Ela não trata o discurso como documento, como

> signo de alguma coisa, como elemento que deveria ser transparente (Foucault, 1969: 159).

Seu método arqueológico se ocupou das análises das gêneses e transformações dos saberes no campo das ciências humanas e revela que o discurso tem efeito constitutivo sobre a realidade. Ou seja, o discurso constrói a sociedade, dado que constitui os objetos de conhecimento, os sujeitos e as estruturas. Foucault encontrou na história o apoio necessário para explicar as instituições sociais e seus processos econômicos e sociais, os quais definem certos discursos. O conceito de discurso é assim explicado: "Chamaremos de discurso um conjunto de enunciados, na medida em que se apoiem na mesma formação discursiva" (Foucault, 2003: 135). Discurso é usado aqui em referência aos diferentes modos de estruturar áreas de conhecimento e prática social, como o discurso médico e o discurso político.

Em *Vigiar e punir* (1997), por exemplo, os estudos de Foucault evidenciaram práticas discursivas disciplinadoras nas prisões, nas escolas e nos hospitais. As técnicas identificadas por Foucault dispensam o uso da força, elas *adestram* os indivíduos de acordo com as necessidades do poder. O poder é exercido por meio de práticas discursivas institucionalizadas. A disciplina mantida nas prisões molda os sujeitos de modo a sujeitá-los ao controle do capitalismo, pautado pela dominação. Nesse particular, o poder se encontra em todas as relações sociais, de maneira flutuante, não apenas nas instituições. O poder não se concentra na violência ou repressão, mas na produção de saber e realidade. Conforme o filósofo,

> se o poder fosse somente repressivo, se não fizesse outra coisa a não ser dizer *não* você acredita que seria obedecido? O que faz com que o poder se mantenha e que seja aceito é simplesmente que ele não só pesa como uma força que diz não, mas que de fato ele permeia, produz coisas, forma saber, produz discurso (Foucault, 1979b: 7-8).

Embora as contribuições de Foucault sejam relevantes para a ADC, Fairclough (2001) elucida duas questões relevantes. A primeira diz respeito à visão um tanto determinista do aspecto constitutivo do discurso proposto por Foucault, em que a ação humana é constrangida pela estrutura disciplinar da sociedade. O sujeito é manipulado de tal maneira pelo poder que se vê impedido de contestar as práticas sociais opressivas, estabelecendo, assim, relações de subordinação. A segunda é que Foucault não se preocupou com a análise empírica de textos, negligenciando a análise discursiva e linguística.

Fairclough busca apoio em Gramsci (1971) para explicar o conceito de hegemonia como equilíbrio instável, com poderes de cunho ideológico conflitantes. O pensamento de Gramsci está em consonância com a proposta idealizada por Fairclough, dado que as práticas sociais são inerentemente contraditórias, estando em constante transformação. Nesse particular, o poder de determinada classe social em convergência com outras forças da sociedade é atingido temporariamente na luta hegemônica.

5. Análise de discurso crítica e sua aproximação com o realismo crítico

A abordagem da ADC está em consonância com o realismo crítico de Bhaskar (1998, 2002; cf. também Barros, 2015) por considerar o mundo social como um sistema aberto, em constante transformação. Conforme Fairclough (2003a), a ADC se baseia numa ontologia social realista (Sayer, 2000), a qual entende que eventos sociais concretos e estruturas sociais são parte da realidade social. Em suas palavras,

> a perspectiva social em que me baseio é realista, fundamentada em uma ontologia realista: tanto eventos sociais concretos quanto estruturas abstratas, assim como "práticas sociais" menos abstratas, são partes da realidade. Podemos fazer uma distinção entre real e

> realizado — o que é possível devido à natureza (constrangimentos e possibilidades) de estruturas sociais e práticas, e o que acontece de fato. Ambos precisam ser distinguidos do "empírico", o que sabemos sobre a realidade (Fairclough, 2003: 14).

Todas as estruturas sociais (abstratas) e os eventos (concretos) são partes reais do mundo que têm sido separadamente analisadas. Estruturas sociais são entidades potenciais, como a estrutura econômica, a escola, a própria língua etc. Uma estrutura social define um conjunto de possibilidades para a realização de eventos. Ao considerar a estrutura social "escola", é possível perceber que existem várias redes de relações sociais, desde a direção, coordenação pedagógica, professores, até os alunos e a comunidade. Essas redes de relações ocorrem por meio de eventos sociais no cotidiano da vida escolar, isto é, "acontecimentos imediatos, individuais ou ocasiões da vida social" (Fairclough, 2003a: 22). Os eventos sociais são moldados, portanto, pela rede de práticas sociais. Nos eventos de sala de aula, por exemplo, professores e alunos participam e interagem entre si. Da mesma maneira ocorre com a direção, os professores e a coordenação pedagógica.

Fairclough (2003a) assegura que a relação entre estrutura e evento é bastante complexa. Eventos não são simplesmente efeitos de estruturas sociais abstratas. Para ele, a relação é mediada por "práticas sociais". Ou seja, entre a estrutura social e os eventos sociais existem as "práticas sociais".

Ao me posicionar discursivamente por meio de textos (orais ou escritos), apresento minhas representações acerca do mundo material, social e mental; expresso meus sentimentos, emoções e identidade. Essas representações são sempre partes das "práticas sociais". Conforme Fairclough (2003a), o discurso é entendido como "prática social". É uma forma de ação no mundo. Não há como pensar no discurso de maneira estática, sem movimento. Os textos (orais ou escritos) podem trazer mudanças em nosso conhecimento (crenças, atitudes, valores etc.). Podem também produzir "efeitos causais", gerando guerras, destruição por armas nucleares, perda de emprego etc. Os textos podem ainda contribuir para mudanças na sociedade. Seus efeitos incluem mudanças no mundo material, como, por exemplo, mudanças na arquitetura urbana, nas atitudes das pessoas, nas relações sociais e no mundo material.

A filosofia do realismo crítico tornou-se relevante para os estudos da ADC porque traz um forte viés emancipatório, o qual tem servido de base para a reflexão teórica e metodológica de grande número de cientistas sociais críticos, interessados em compreender a relação entre sociedade e indivíduos.

Chouliaraki e Fairclough (1999), em consonância com Bhaskar (1998), entendem que há várias dimensões da vida social, incluindo as dimensões físicas, químicas, biológicas, econômicas, sociais, psicológicas e linguísticas, e que estas possuem estruturas distintas, com efeitos gerativos nos eventos, através de mecanismos particulares.

Em conformidade com Bhaskar (1998; 2002), Chouliaraki e Fairclough (1999) asseguram que as pesquisas em ADC devem incidir sobre problemas práticos da vida social, vislumbrando, assim, uma "*crítica explanatória*"' (Bhaskar, 1998; 2002), construída com base nas descobertas dos problemas sociais, oriundos das práticas sociais, e, a partir delas, buscar soluções para sua superação.

A "*crítica explanatória*" sustenta que os objetos das ciências sociais, diferentemente das ciências naturais, devem abranger crenças, incluindo juízos de valor e ação. O estudo da sociedade, em determinado momento histórico, acrescerá informações sobre a estrutura da sociedade desse período. Muitas pessoas, por exemplo, acreditam que a sociedade é uma sociedade sem classes, quando na verdade não é. As crenças podem ter efeitos sobre a estrutura, impedindo as pessoas de tentar alterá-las (Bhaskar, 1998). Isso abre a possibilidade de expandir o realismo crítico para o reino dos valores, para uma dimensão intransitiva subjacente ao pensamento ético.

6. A base linguística

Na década de 1970, na Grã-Bretanha, um grupo de linguistas (Fowler *et alii*, 1979; Kress; Hodge, 1979) iniciou estudos sobre a "linguística crítica", combinando teorias e métodos da análise textual e da linguística sistêmico-funcional (Halliday, 1994) com teorias sobre ideologia. Nessa mesma época, na França, Michel Pêcheux ([1969]1990) e seus colaboradores propunham uma abordagem crítica de discurso, tentando combinar uma teoria social do discurso com um método textual. O principal fundamento teórico de Pêcheux foi a teoria marxista de ideologia elaborada por Althusser ([1971] 1992).

Todavia, conforme assegura Fairclough (2001: 20), a teoria proposta pelo grupo de Pêcheux confere mais ênfase ao papel ideológico dos textos. Pouca atenção é dada à luta e à transformação nas relações de poder instituídas por grupos e organizações dominantes. Ou seja, não há, em hipótese alguma, a preocupação com mudanças sociais. Conforme Fairclough, "prestou-se pouca atenção à luta e à transformação nas relações de poder e ao papel da linguagem".

As reflexões teóricas empreendidas pelos linguistas da Grã-Bretanha e da França contribuíram para a criação da ADC. Em 1989, Fairclough, em seu livro intitulado *Language and Power*, atribui destaque à teoria social do discurso, uma proposta teórico-metodológica que se convencionou chamar justamente de ADC. Nesse trabalho, Fairclough procurou explicar e exemplificar os efeitos sociais que operam nos textos, bem como mudanças que pudessem superar as relações sociais de poder sustentadas pela ideologia.

No livro *Analysing Discourse*, Fairclough (2003a) amplia a discussão, dando relevo maior aos aspectos textuais. Para tanto, recorre à linguística sistêmico-funcional (LSF) de Halliday (2004), ao ver que ela fornece subsídios para uma compreensão mais clara da organização dos textos. Segundo Halliday (2004), as escolhas do falante/escritor operam em todos os níveis do discurso: *lexical, sintático* e *modal*. É por meio deles que se pode perceber o nível de expressividade presente em determinada situação comunicativa.

A análise linguística permite, dessa forma, interpretar os significados presentes nos textos. Ao expandir seu modelo de análise, Fairclough se concentra na relação entre os níveis textual e social. A ênfase na "análise interdiscursiva" de textos — em termos de hibridade de gêneros, discursos e estilos — é uma tentativa, por exemplo, de suprir o espaço existente entre texto e contexto, isto é, entre linguagem e contexto social, numa relação dialética entre os dois.

Nessa perspectiva, é significativo para o analista crítico do discurso se utilizar da LSF, a fim de investigar melhor a linguagem do ponto de vista micro e macrossocial. A ADC, em conjugação com a LSF, pode contribuir para desenvolver uma visão mais holística do contexto social investigado, no intento de estreitar cada vez mais o elo entre o texto e o contexto, entre o social e o linguístico. A convergência dessas duas concepções teórico-analíticas é uma forma dialética de olhar a linguagem por vários prismas, seus diferentes modos de enxergar e sentir a realidade e o mundo, a fim de melhor compreender os mecanismos sociais de dominação e resistência, ou de emancipação e transformação social.

7. À guisa de conclusão

Neste texto, resumi as bases filosóficas que dão sustentação à ADC: a influência do marxismo ocidental bem como da filosofia de Bakhtin, Foucault, da LSF de Halliday e, mais recentemente, de Bhaskar, contribuíram para os estudos críticos do discurso.

As reflexões aqui empreendidas servem de base para uma compreensão da ADC. Além das teorias, é preciso questionar a vida social em termos políticos e morais, isto é, no tocante à justiça e ao poder, visando contribuir para a superação das desigualdades e injustiças que ainda operam na sociedade. O interesse pela ADC não deve se pautar apenas pelo desvelamento das relações sociais de poder e dominação presentes nos textos, mas também "agir sobre o mundo e especialmente sobre os outros" (Fairclough, 2001: 91), objetivando operar transformações sociais.

A ADC tem, em seu escopo, uma teoria social crítica interligada a um campo de pesquisa que intenta operar mudanças nas relações sociais de poder e dominação, e finalmente, precisa estar fundamentada em análises linguísticas. Em conjugação com a LSF, ela pode ampliar a visão do pesquisador sobre o contexto investigado, objetivando estreitar cada vez mais o elo entre o social e o linguístico.

CAPÍTULO 3

Conceitos-chave em análise de discurso crítica

Josenia Antunes Vieira
Denise Silva Macedo

1. O que é análise de discurso crítica?

Essa é a primeira pergunta de quem se aproxima do assunto. ADC é um conjunto de abordagens científicas interdisciplinares e transdisciplinares para estudos críticos da linguagem como prática social. É teoria e método para mapeamento de conexões entre o uso da linguagem e as relações de poder na sociedade. É teoria e é método[1] porque não apenas propõe uma reflexão teórica acerca do funcionamento da linguagem nas práticas sociais, como também propõe modos para a análise de textos. Aqui, já se deduz, facilmente: **o texto é a unidade mínima de análises em ADC.**

Por que não o parágrafo, a frase ou as unidades menores? Porque as unidades menores não incorporam as práticas sociais e culturais de um grupo social. Apenas o gênero textual traz as marcas da ação social, individual ou coletiva. São os textos, em seus diferentes gêneros, que possibilitam as interações e as relações sociais, com suas crenças, seus valores, seus contextos, suas ideologias.

Vê-se, portanto, a estreita relação entre texto e sociedade. A inclusão do contexto social na análise de textos é fundamental para descrever, explicar, revelar e interpretar os diferentes discursos nas práticas sociais. Texto é interação, representação de mundo e identificação de si mesmo. Ele traz as marcas dos atores sociais que dele se utilizam. Textos são reveladores. Justamente por isso, Fairclough (1992/2001) fala em análise de discurso textualmente orientada (ADTO).

Essa definição de ADC considera a relação dialética entre discurso e sociedade: ambos se moldam reciprocamente. A ADC concentra sua atenção nessa relação porque está interessada em analisar relações estruturais, transparentes ou veladas, de discriminação, de poder e de controle manifestas no discurso. Em outras palavras, **a ADC**

1 Embora não seja a intenção deste capítulo introdutório à ADC discutir a epistemologia dessa área de estudo dos discursos, é produtivo indicar àqueles que se aproximam do assunto o artigo “CDA is NOT a Method of Critical Discourse Analysis”, publicado por Teun van Dijk (2013). Assim, começa a se estabelecer o espírito investigativo do leitor, que o pode levar a posicionamentos diferentes sobre o assunto, os quais, por sua vez, mantêm aceso o debate, sempre fundamental para o avanço da própria ciência.

almeja investigar, criticamente, como assimetrias são expressas, sinalizadas, constituídas, legitimadas, naturalizadas e mantidas, por algum tempo, pelo discurso.

Revelar tais mecanismos é crucial, uma vez que, como afirmou Jan Blommaert (2005), parte das desigualdades sociais, em qualquer sociedade, decorre das desigualdades linguísticas, que decorre da pressão para que o falante opere funções do discurso com base em recursos disponíveis, mas desigualmente acessíveis. É importante perceber os mecanismos de convencimento implícitos em determinados textos que manipulam o pensamento das pessoas. Com eles, a sociedade pode ser controlada e submetida à dominação política e cultural. Se a ADC considera os sujeitos ativos, e não passivos, ponderamos que, quanto mais esclarecidos forem os cidadãos, mais perceberão quando estão sendo controlados e mais resistentes se tornarão aos processos de dominação.

A história da humanidade registra que o discurso já calou milhares de seres humanos e fez com que outros tantos lutassem por causas que desconheciam. Por isso, a ADC não perde de vista que são os sujeitos, inseridos em práticas discursivas e sociais, que contribuem para a manutenção ou para a mudança das estruturas sociais em que atuam, embora essas estruturas também determinem o que, quando e como algo pode ser dito. Se há brechas de atuação individual contra a manipulação social sobre o falante, há de haver a desalienação linguística, a tomada da palavra e a discussão da linguagem em situações histórico-sociais específicas, de forma a dar voz a quem, ainda hoje, não a tem. Aqui entra a ADC. **Por ela, podem-se recuperar os processos histórico-sociais de produção dos discursos, destacando o ponto de articulação, nesse discurso, entre o linguístico e o social.**

Simplificando: a ADC é uma área de estudos muito diversificada (Fairclough, 1992/2001: 31) que analisa a influência das práticas sociais sobre o conteúdo e a estrutura dos textos e vice-versa. Diante dessa definição, que engloba texto e sociedade, vemos logo que, para entender melhor o que é ADC, é necessário explorar seus conceitos basilares: discurso, poder, práticas sociais, hegemonia e ideologia.

Os principais teóricos da ADC concentram-se na Europa: Norman Fairclough, Gunther Kress, Ruth Wodak, Teun van Dijk, Emília Ribeiro Pedro, Teresa Carbó, Theo van Leeuwen [bastante atuante também na Austrália].

Fairclough, um dos fundadores da ADC, é professor emérito de linguística da Universidade de Lancaster, no Reino Unido. Sua pesquisa ressalta o lugar da linguagem nas relações sociais e a linguagem como parte integrante de processos de mudança social. Sua abordagem inclui atenção ao papel da linguagem nas lutas sociais, nas transformações das relações de poder e nas tensões que caracterizam os processos de produção e de interpretação textuais sempre em uma relação dialética: a linguagem atuando na mudança social e as mudanças sociais atuando na linguagem. Em recentes trabalhos, Fairclough analisa o novo capitalismo, a globalização, a economia do conhecimento e o neoliberalismo pelo viés do discurso como elemento-chave de transformações sociais maiores.

A pesquisa do professor Gunther Kress abriga grande variedade de tópicos, desde a semiótica até o letramento midiático, passando pela educação e pela multimodalidade, o estudo dos vários recursos semióticos construindo significados. Para ele, nessa era multimidiática advinda do avanço da tecnologia, a escrita divide espaço com imagens, sons e outros modos semióticos no processo de construção do significado em diferentes contextos, como o de ensino e de aprendizagem.

Ruth Wodak, por sua vez, mantém o foco de suas pesquisas no desenvolvimento de abordagens teóricas do discurso em comunicação organizacional, em políticas de identidade, em linguagem política, em racismo, em preconceito e em discriminação.

Theo van Leeuwen, por seu turno, ex-produtor e diretor de TV, concentra-se na ADC, na comunicação visual e na multimodalidade.

Finalmente, o trabalho do professor Teun van Dijk ressalta as funções do discurso na sociedade.

Todos esses autores influenciam e são influenciados pelos estudos culturais britânicos.

Também na América Latina, os estudos em ADC ganharam e ganham corpo, teoria, métodos e enfoques com os estudos de Izabel Magalhães, Josenia Antunes Vieira, Denize Elena Garcia da Silva, Anamaría Harvey Arellano, Leda Berardi, José Luiz Meurer, María Laura Pardo, Neyla Pardo Abril, Adriana Bolívar, Irene Fonte, Beatriz Lavandera e outros estudiosos. A corrente europeia teve grande influência nos estudos do discurso desses pesquisadores.

Teun van Dijk difundiu os estudos do discurso em toda a América Latina com suas conferências em Río Piedras, Porto Rico, e contribuiu para a criação da Associação Latino-Americana de Estudos do Discurso (ALED), em 1995. Em 2007, ele coordenou a publicação da importante obra *Racismo y discurso en América Latina.* Para van Dijk, não existe outra região no mundo em que os estudos do discurso tenham se tornado mais populares do que em nosso continente, sobretudo, na Argentina, no Brasil, no Chile, na Colômbia, no México, na Bolívia, no Peru e na Venezuela. Em 1997, ele dedicou o editorial da revista *Discourse & Society* aos estudos do discurso na América Latina, chamando a comunidade internacional a estreitar laços com seus pares latino-americanos. Assim, ele legitimou as investigações em discurso no continente e destacou a relevância dos fenômenos discursivos estudados por nossos(as) pesquisadores(as).

Antes da ALED, estudiosos brasileiros mantinham relações acadêmicas com pesquisadores europeus e norte-americanos. Hoje, grande parte dessa cooperação dá-se entre os próprios pesquisadores latino-americanos, que empregam línguas próximas — espanhol e português. María Laura Pardo (2015) destaca que, desde a criação dessa associação, há um grande intercâmbio entre acadêmicos latino-americanos, uma vez que, na região, realizam-se congressos que fortalecem os laços e o fluxo de informação entre os pesquisadores. Esses investigadores criam modelos e teorias próprios com foco nos problemas dessa parte do mundo: discurso político — processos ditatoriais, desaparecimento de pessoas, etapas da democratização —; discurso sobre pobreza e conflitos armados — como a Guerra das

Malvinas —; discurso da comunicação de massa; discurso sobre educação — ensino de língua materna e estrangeira —; discurso de professores e de alunos; discurso sobre violência em sala de aula; discurso sobre gênero.

Houve também importante desenvolvimento teórico-metodológico abordado nas obras *Un modelo lingüístico para el análisis integral de discursos*, de Reyes e Pardo Abril (1991); *Teoría y metodología de la investigación científica: método sincrónico-diacrónico de análisis linguístico de textos*, de Pardo (2011); *Cómo hacer análisis crítico del discurso*, de Pardo Abril (2013); *Análise de discurso (para a) crítica*, de Viviane Ramalho e Viviane Melo Resende (2011). A publicação de *Análisis crítico del discurso: perspectivas latinoamericanas*, de Berardi (2003), tinha como objetivo fazer com que as investigações no âmbito da ADC tivessem maior presença e visibilidade na América Latina. A obra *En torno al discurso: contribuciones de América Latina*, compilada por Harvey (2005), testemunha o profundo interesse dos países latino-americanos pelos estudos do discurso.

É crescente o número de universidades da América Latina que oferecem programas de pós-graduação especializados em estudos do discurso, formando pesquisadores latino-americanos do futuro que, para van Dijk, são os estudantes mais motivados. Daí, o grande salto desses estudos no continente e a existência de muitos livros escritos e traduzidos em espanhol. Adriana Bolívar e Carlos Kohn (1999) enfatizam que, hoje, os estudos do discurso na América Latina estão em seu auge e trazem aos analistas do discurso o desafio de, em contextos de democracias vulneráveis, porque recém-saídas de ditaduras, explicarem processos de construção de identidades sociais, políticas e culturais em cenários de pobreza, de ausência de políticas de educação, de corrupção, de injustiças.

2. Qual a origem da ADC?

Essa segunda pergunta também é relevante porque contribui para compreensão das análises linguísticas da ADC, cuja origem está na linguística crítica (LC). Ambas vêm de um percurso longo de diferentes abordagens para analisar o discurso.

Antes de falarmos da LC, retomemos Vieira (2002), em seu exame de alguns dos fundamentos teóricos que ajudaram a delinear o percurso que nos levou à ADC atual. Ela esclarece que a retórica clássica gestou a análise de discurso (aqui, claro, ainda não havia a distinção entre crítica e não crítica) e que a filologia, por sua vez, analisava textos à luz da história já na segunda metade do século XX. Depois, com os formalistas russos, a análise de textos passou a se inspirar na morfologia, impulsionando análises de discursos narrativos. O estruturalismo se concentrou na fala, mas limitou-se a análises no nível da sentença, sem alcançar as relações entre elas. Nesse mesmo período, teve lugar a tagmêmica de Kenneth L. Pike que, embora tivesse motivações para estudar a escrita de textos, sobretudo, das traduções, alcançou o nível textual. Nesse mesmo século, Zellig Harris apontou os meios de exceder os limites analíticos da frase, Roman Jakobson vinculou as funções da linguagem aos estudos da língua e Benveniste trouxe os estudos da enunciação, quando se identifica o sujeito na cadeia discursiva. Porém, foi com Bakhtin que a linguagem abandonou seu caráter monológico para assumir seu papel dialógico nas interações verbais. Aqui, os estudos textuais se libertaram da filologia e do estruturalismo e transcenderam o nível da frase. Esse olhar para os encadeamentos entre frases seria o embrião dos estudos da linguística do texto e, depois, da análise do discurso.

A LC, segundo Fairclough (1992/2001), foi uma abordagem desenvolvida na Universidade de East Anglia, Inglaterra, na década de 1970, por um grupo liderado por Roger Fowler, Gunther Kress e Bob Hodge, para unir um método de análise linguística textual a uma teoria social do funcionamento da linguagem em processos políticos e ideológicos. Como explica o próprio Fowler (1996), a LC desenvolveu uma análise do discurso público para chegar à ideologia implicitamente codificada, em particular, no contexto das formações sociais. Seus proponentes estão interessados em usar a análise linguística para expor representações falsas e discriminações em diferentes tipos de discurso público, como os jornais, a propaganda política, os documentos oficiais, os regulamentos, a entrevista. Para tanto, eles recorreram à linguística sistêmico-funcional (LSF) de Halliday porque consideravam que a linguagem é como é devido à sua função na estrutura social; que a linguagem à qual as pessoas têm acesso depende de suas posições sociais e que a gramática de uma língua é um sistema de opções entre as quais os falantes fazem seleções segundo as circunstâncias sociais. Logo, estamos falando de seleções ideológicas.

Esses pressupostos da LC vêm de sua intencional distinção da linguística, área de estudo científico da linguagem que, por sua vez, trata os sistemas linguísticos como independentes do uso da linguagem, separando a forma do conteúdo. Dessa distinção, o "C", em LC, marca os constrangimentos produzidos pelo homem em suas relações sociais por meio da linguagem. Como se vê, a preocupação central da LC é a prática de representação pela linguagem, porque tais representações são mediadas e moldadas por valores impregnados na linguagem. É por isso que a LC quer mostrar como aquilo que foi representado de uma forma poderia tê-lo sido de outra.

Na perspectiva da ADC, a LC sofre críticas por estar essencialmente voltada para o uso da linguagem em instituições; tende a enfatizar mais o texto como produto do que os processos de produção e de interpretação desses textos, sempre abertos a diferentes interpretações, conforme o contexto e a posição social do intérprete; enfatiza, unilateralmente, os efeitos do discurso na reprodução de relações e de estruturas sociais, negligenciando tanto os discursos em que se realizam as lutas sociais, quanto a mudança no discurso resultante da mudança social e cultural maior; não considera a relação dialética entre linguagem e sociedade, pois tem uma perspectiva unilateral: foca na paralisia social, e não na mudança; nas estruturas, e não na ação social.

Por sua vez, a abordagem em ADC tenta transcender trabalhos que tendem a não analisar textos, focando apenas aspectos sociais, e aqueles que focam principalmente a linguagem textual, sem compromisso com aspectos teóricos sociais. Na ADC, a análise textual é parte fundamental da análise de discurso que, por sua vez, vai do foco em textos ao foco na ordem do discurso, que é uma estrutura social relativamente estável da linguagem. **Ordem do discurso é uma noção foucaultiana para aquilo que determina o que pode e deve ser dito em cada lugar e em cada ocasião.** A abordagem em ADC está preocupada com a continuidade e com a mudança nessas ordens do discurso, bem como com o que acontece em determinados textos. A ligação entre essas duas preocupações é estabelecida pela forma como os textos são analisados.

Resumindo: LC e ADC são campos fundamentalmente interessados em analisar relações estruturais, transparentes ou veladas, de discriminação, de poder e de controle manifestas na linguagem. Contudo, apenas a ADC o faz de modo engajado, pois considera a relação dialética entre textos e sociedade: o sujeito da linguagem transforma e é transformado pelas práticas discursivas, ora se conformando às ordens do discurso, ora contestando-as, ora ressignificando-as e transformando-as. Para a LC, as representações linguísticas apenas refletem as estruturas sociais, mas o contrário não ocorre. Logo, considera-se que a ADC adicionou a preocupação com o exercício de poder nas relações sociais aos estudos linguísticos. Em termos de metodologia para a análise de textos e para a crítica social, a ADC lançou mão dos conceitos da linguística funcional, aos quais a LC não recorre.

A partir dessa origem, a ADC tornou-se, como já disse Vieira (2002), um dos caminhos mais importantes das ciências da linguagem para investigarmos a linguagem em uso, privilegiando, para além da forma, sua função nas interações sociais. Para revelar essa relação entre linguagem e sociedade, a ADC descreve e mostra como o discurso é moldado pelas relações de poder, associando a análise de texto a teorias de funcionamento da linguagem nos processos ideológicos das práticas discursivas.

Conceitos basilares em análise de discurso crítica: **discurso**, **poder**, **ideologia**, **hegemonia.**

É pertinente refletir sobre a genealogia das palavras porque elas são heteróclitas, assumem sentidos velados. Cabe ao analista do discurso desembaralhá-los. No caso da ADC, os estudiosos que se dedicam às análises linguísticas, semióticas e discursivas compartilham a perspectiva comum de que os conceitos de discurso, de poder e de ideologia são centrais em análises textuais. Esses conceitos podem assumir significados diferentes, conforme o contexto de pesquisa e conforme a abordagem teórica. Se tais conceitos não forem muito claros nas análises de discurso críticas, eles deixam de ser operacionais. Então, vamos a eles.

3. O que é discurso?

Em ADC, o termo *discurso* tem dois significados: abstratamente (*discurso*), significa linguagem como momento irredutível da vida social; concretamente (*discursos*), significa um modo particular — ligado a interesses específicos — de representar o mundo. Quando dizemos *discursos*, no plural, estamos nos referindo a discurso como prática; *discurso*, no singular, refere-se ao discurso que é parte dessas práticas.

Em ADC, *discurso* tem sentido de texto e de interação porque Fairclough reúne a análise linguística e a teoria social do discurso para conceituá-lo. O termo, então, abandona qualquer sentido de neutralidade. Por isso, em ADC, **discurso é linguagem como forma de prática social, e não puramente individual ou situacional.**

É modo de ação sobre o mundo e sobre os outros e também é modo de representação; constitui elemento da vida social intimamente interligado com outros elementos; é moldado e restringido pela estrutura social e contribui para a constituição das dimensões dessa estrutura social. Logo, se o discurso é um dos momentos das práticas sociais — outros momentos são relações que revelam o poder, as crenças, os valores, os rituais das instituições —; se o discurso é um elemento social e histórico, a ADC constitui ferramenta essencial no trabalho de revelar as condições de produção que caracterizam esse discurso para evidenciar seu caráter ideológico.

4. O que é poder?

É importante investigar esse conceito porque, em sua base, na perspectiva da ADC, está o conceito de dominação. Daí porque o poder não emana de um sujeito, mas do conjunto de relações que permeiam o corpo social. Se a ADC se preocupa com assimetrias de poder nas relações sociais e vice-versa, uma das perguntas que o analista do discurso faz é: como foi e como continuam sendo possíveis a resignação e a obediência quase ilimitadas da maioria dos homens — sejam privilegiados, sejam colonizados — perante não apenas um poder determinado, mas perante os excessos de poder?

Na ADC, o conceito de *poder* traz, atrelado, o de *hegemonia* porque essa perspectiva se preocupa com os efeitos ideológicos que os textos possam ter sobre as relações sociais em favor de projetos específicos de dominação.

Ponto fundamental em ADC é: o poder é instável, as relações assimétricas de poder podem ser mudadas, invertidas, superadas, por conta da concepção dialética da relação linguagem e sociedade. É por isso que Fairclough (1992/2001), com base em Gramsci, define *hegemonia* como liderança e dominação econômica, política, cultural e ideológica consensuais, mas relativamente instáveis devido à dialética entre discurso e sociedade, o que abre possibilidades de mudança. Esse é o conceito de poder como hegemonia, muitas vezes alcançada e mantida pelo discurso de algumas poucas pessoas em detrimento do de outras. Não é por outro motivo que há constantes lutas sociais em torno de pontos de maior instabilidade de hegemonia entre classes. Esse aspecto dinâmico e instável da assimetria se coaduna com o princípio dialético entre linguagem e sociedade e com o de instabilidade nas relações de poder porque o poder de uma classe é apenas temporário e parcial.

O ponto importante do conceito de hegemonia é o de que ela se estabelece mais pela construção de alianças, pela integração e pelo consentimento do que pela simples dominação. *Consentimento* é, portanto, um conceito-chave quando se fala de hegemonia. É por isso que a prática discursiva (produção, distribuição e consumo) e a interpretação de textos, facetas da luta hegemônica, contribuem para a reprodução ou para a manutenção da ordem do discurso e das relações sociais. É aqui que entram as representações ideológicas. Hegemonia é relação de dominação baseada no consentimento, que envolve a naturalização de práticas, daí o conceito de hegemonia enfatizar a importância da ideologia. Vieira (2002) lembra muito bem que a ADC estuda as estratégias de criação de consensos e os mecanismos que influenciam o discurso e o pensamento em favor dos poderosos.

5. O que é ideologia?

Ideologia relaciona-se mais com quem está falando o que, para quem e com que finalidade do que com as propriedades linguísticas de um pronunciamento, pois a representação do discurso não é mera questão gramatical, mas um processo ideológico. Analisar textos significa considerar quais vozes são representadas, direta e indiretamente, passiva ou ativamente, nominal ou impessoalmente e, claro, quais as consequências e os reflexos dessas escolhas perante o interlocutor. Para a ADC, a ideologia estabelece e sustenta relações de dominação.

Fairclough (1992/2001) diz que a ideologia tem existência material, constitui sujeitos e funciona pela constituição e pelo posicionamento das pessoas como sujeitos sociais. O mais importante é que essa constituição e esse posicionamento se dão no interior de várias organizações e instituições sociais, como educação, família, religião ou direito, que funcionam como dimensões ideológicas do Estado. Althusser ([1971] 1992) chamou essas instituições de aparelhos ideológicos do Estado. Blommaert (2005: 75) chamou-as de *centring institutions*, instituições que impõem a **doxa** — crenças comuns, valores centrais — de grupos particulares gerando e hierarquizando atributos emblemáticos, como: "A mãe ideal", "deus", "país", "nação", "o bom estudante". Essas centralizações sempre envolvem percepções ou processos reais de homogeneização e de uniformização, diminuindo diferenças e criando significados normativos.

Na perspectiva faircloughiana, ideologia são significações da realidade construídas nas várias dimensões das práticas discursivas que contribuem para a produção, a reprodução ou a transformação das relações de dominação; que se tornam mais eficientes quanto mais naturalizadas, mas que também podem ser modificadas nas lutas ideológicas das práticas discursivas. Para Fairclough, dizer que ideologias são representações a serem desveladas de modo a contribuir para as relações sociais de poder e de dominação é sugerir que a análise textual precisa ser enquadrada na análise social, que considera o *corpus* de textos em termos de seus efeitos sobre as relações de poder.

O ponto importante da relação entre ideologia e textos é que, como elementos de eventos sociais, os textos têm efeitos causais, ou seja, mudam pessoas (crenças, atitudes, valores), mudam relações sociais e mudam o mundo material. Contudo, Fairclough (1992/2001) e Thompson (2002) dizem que nem todo texto é ideológico porque as ideologias são caracterizadas nas sociedades por relações de dominação. Por isso, nem todo discurso é ideológico. Fenômenos ideológicos são simbólicos e significativos desde que sirvam, em circunstâncias sócio-históricas específicas, para estabelecer e sustentar relações de dominação. À medida que os seres humanos são capazes de transcender tais sociedades, são capazes de transcender tais ideologias. Assim, podemos chegar a um juízo sobre se uma afirmação é ideológica apenas olhando para os efeitos que ela provoca em determinadas áreas da vida social e perguntando se elas contribuem para sustentar ou alterar as relações de poder.

Em ADC, o conceito mais largamente utilizado para ideologia é o de Thompson (2002), que aponta categorias de análise — formas e significados textuais associados a maneiras específicas de representação, de (inter)ação e de identificação em determinadas práticas sociais. Elas evitam que as pesquisas fiquem somente na sociologia da linguagem. Além disso, Thompson discute esse conceito retomando contornos históricos da palavra, pesquisa suas origens e seu desenvolvimento e propõe uma reformulação de seu atual conceito, de modo que toda palavra manifeste o sentido acumulado desde suas origens e evite os perigos de suas formulações passadas. Em suas pesquisas, vem de Marx o sentido negativo, oposicional, implícito e presente no uso do termo. Esse sentido negativo é mantido na ADC. Thompson (2002: 76), contudo, desenvolve a própria formulação com base em muitos conceitos anteriores: **ideologias são as maneiras como o sentido (ou o significado) serve para estabelecer e sustentar relações de dominação.**

Ao perguntar como o sentido serve para estabelecer e manter relações de dominação, Thompson chega aos modos gerais de operação da ideologia.

Legitimação: relações de dominação representadas como legítimas.
Dissimulação: relações de dominação ocultadas, negadas ou obscurecidas.
Unificação: construção de identidades coletivas.
Fragmentação: fragmentação de indivíduos e de grupos potencialmente ameaçadores ao grupo dominante.
Reificação: retratação de uma situação que é transitória como permanente e natural.

Um dos modos de alcançar a legitimação é pela universalização, ou seja, pela apresentação de interesses específicos como gerais. Aqui, devemos reconhecer o grande poder da mídia a serviço de interesses hegemônicos. Devido à sua capacidade de alcance em massa, ela propaga interesses particulares — como o de grupos religiosos, o de grupos políticos ou o de grupos neoliberais — como interesses de toda a sociedade brasileira.

6. Toda análise de discurso é crítica?

Essa pergunta é fundamental porque sua resposta esclarece o "C" em ADC, de linha inglesa, diferenciando-a da análise de discurso (AD), de linha francesa, cujas principais teóricos são Michel Pêcheux, Dominique Maingueneau, Patrick Charaudeau e, no Brasil, Eni Orlandi, Freda Indursky, Leci Borges Barbisan, entre outros(as). Embora não se confundam, não podemos perder de vista o fato de que o objeto de estudo de qualquer análise de discurso, crítica ou não, não é apenas o discurso, mas o que se estabelece por meio dele: assimetrias de poder, institucionalização de normas e de papéis sociais, ideologias. Portanto, ADC e AD têm pontos em comum, mas diferem em vários aspectos.

A ADC, cuja perspectiva crítica vem da LC, foi construída com o trabalho teórico dos britânicos Fowler, Hodge e Kress, que investigaram o discurso, definindo-o como um momento da prática social. Mais tarde, Fairclough definiu discurso com base em análises textuais, fundamentais para a análise do discurso. A criticidade da ADC nasce de seu diálogo com a ciência social crítica, que questiona os aspectos políticos e, sobretudo, morais da vida em sociedade. Simplificando um pouco mais: a ADC é crítica porque sua abordagem foca a relação estabelecida entre linguagem e práticas sociais, sendo essa relação vista como dialética — linguagem e práticas sociais moldam-se reciprocamente —, com foco nos efeitos causais dessa relação em assimetrias de poder.

A ADC está preocupada com a continuidade das ordens do discurso, com a mudança que o sujeito ocupa nelas e com o que acontece nos textos específicos. Essa análise de texto, portanto, não é apenas uma análise linguística, mas também uma análise interdiscursiva, isto é, análise de textos em termos dos diferentes discursos, dos diferentes gêneros e dos diferentes estilos que eles articulam. Nas palavras de Kanavillil Rajagopalan (2002), a postura crítica acompanha o pesquisador desde o princípio da investigação porque é ela que vai nortear seus rumos como investigador. Se pensarmos no parentesco etimológico entre as palavras *crítica* e *crise*, veremos que a ADC não é uma exploração automática, nem tranquila. Ela exige desconfiança de naturalizações, de interesses ocultos.

Para Fairclough (1992/2001) e Vieira (2002), uma das diferenças fundamentais entre ADC e AD está justamente na concepção de sujeito. Para a ADC, o sujeito é construído pelo discurso e constrói processos discursivos. A relação entre sujeito e discurso é dialética. Vieira (2002) explica que, na ADC, os atores sociais são julgados em suas interações sociais, discursivamente dadas. Daí a necessidade de integrar análise textual com a teoria social da linguagem sob as perspectivas política e ideológica. Para ela, é aqui que surgem as primeiras manifestações da criticidade da análise discursiva, o que justifica a importância do contexto social.

A AD, por sua vez, vem com a teoria da comunicação de Jakobson e com a teoria da enunciação de Benveniste. Eles deram atenção aos fatores de condição de produção e de recepção linguística, mudando a perspectiva que tínhamos da língua por parte do viés estruturalista — língua como estrutura invariável. Essas noções comunicacionais e enunciativas, que consideravam as condições de produção dos discursos e os sujeitos envolvidos nessas interações, culminaram na AD. Por isso, na perspectiva da AD, discurso é uma forma de materialização ideológica e constitui-se do interdiscurso porque a AD considera que todo discurso produz sentidos com base em outros sentidos já cristalizados na sociedade; sujeito é depósito dessa ideologia, é passivo; e língua é um processo que perpassa as diversas esferas da sociedade. Para Maingueneau (1989), discurso é uma dispersão de textos com regularidades enunciativas; logo, o discurso não atua sobre o mundo, mas sobre outros discursos com os quais dialoga e polemiza. O sujeito, por sua vez, é o espaço dividido por esses discursos. Vê-se, na AD, a noção do sujeito assujeitado pelo próprio discurso, e não como autor dele.

Resumindo: AD e ADC preocupam-se com relações de poder e ambas têm o discurso como objeto de análise, porém, para a ADC, a relação entre discurso e práticas sociais é dialética, os sujeitos sofrem e atuam sobre esses discursos e vice-versa porque a LC, as teorias neomarxistas e os estudos da Escola de Frankfurt estão em sua base. A ADC busca ser uma prática social transformadora da sociedade porque atribui aos analistas o papel de interventores sociais por meio de seu trabalho de análise, opondo-se às estratégias e aos discursos das elites. A AD foca o caráter de aparelhamento, de reprodução e de assujeitamento porque o aparelhamento social materialista de Althusser, a psicanálise lacaniana, a teoria do inconsciente e o estruturalismo saussuriano estão em sua base.

ADC	AD
Análise do discurso como instrumento político contra a injustiça social.	Análise do discurso como procedimento epistemológico sobre a língua.
Os analistas do discurso são posicionados e devem formular pesquisas que exerçam ações de contrapoder, de contraideologia, de resistência à opressão social. A neutralidade do pesquisador, em uma pesquisa o torna cúmplice das estruturas sociais que ele investiga.	Os analistas do discurso contribuem com as hermenêuticas contemporâneas supondo que um sentido oculto deve ser captado. Sem uma técnica específica, tal sentido permanece inacessível.
Discurso é modo de ação, é prática social que altera o mundo e os indivíduos nesse mundo em relação dialética; é moldado por relações de poder e por ideologias.	Discurso é uma forma de materialização ideológica. Enfatiza a reprodução da ideologia no discurso; é uma dispersão de textos cujo modo de inscrição histórica permite defini-lo como um espaço de regularidades enunciativas.
Análise discursiva textualmente orientada (análise da superfície discursiva sustentada pela análise textual).	O que interessa não está na superfície do discurso, mas nos mecanismos de produção de sentidos do funcionamento discursivo.
Sujeito — ator social atuante; ator ideológico.	Sujeito social passivo.
Prática social transformadora, resistência, desnaturalização das práticas sociais.	Não trata da resistência do discurso, da natureza dinâmica das práticas discursivas que provocam mudanças sociais.
Objetivos determinados: propósitos comunicacionais.	Objetivos determinados: propósitos textuais.
Método interacionista — psicologia e sociologia.	Método estruturalista — linguística estruturalista

Quadro 1: Principais diferenças entre ADC e AD.

Finalmente, a ADC não se confunde com a análise de conteúdo (AC). A AC vem na esteira de uma tradição histórica de análise e de interpretação de textos, cuja prática é tão antiga quanto os textos sagrados. Ao mesmo tempo em que se filia a uma tradição hermenêutica, a AC se diferencia dessa mesma tradição assumindo uma atitude interpretativa que recebe a contribuição das ciências humanas do início do século XX para ser científica; ela se alinha à interpretação do sentido das palavras. Dizendo de outro modo: nos trabalhos de AC, permanece a ideia de que há um discurso aparente, mas tal interpretação deverá ser fundamentada por processos técnicos de validação. Entre a tradição hermenêutica e os procedimentos de validação modernos, a AC se caracteriza como uma iniciativa de interpretação que confere prioridade ao dito, aos enunciados, tomados como matéria-prima de análise. Em desenvolvimento desde os anos 1940, o maior desafio para o analista de conteúdo é estabelecer correspondências entre as estruturas semânticas ou linguísticas e as estruturas psicológicas ou sociológicas. Tais correspondências estão na base da atual definição de AC formulada por Bardin (2009): conjunto de técnicas de análise das comunicações para obter, por procedimentos sistemáticos e objetivos de descrição do conteúdo das mensagens, indicadores que permitam a inferência de conhecimentos relativos às condições de produção e de recepção destas mensagens.

7. Trabalhando com análise de discurso crítica

O que a ADC faz? Ela mapeia as relações entre o uso da linguagem e as relações de poder na sociedade porque concebe a linguagem como prática social e o contexto como elemento crucial; preocupa-se com as relações de poder no discurso e como essas relações de poder moldam e transformam dialeticamente as práticas discursivas. A ADC objetiva explicitar o que está encoberto no discurso; aquilo que está naturalizado e, por isso, não é imediatamente notado. Pedro (1997) chama a atenção para o fato de que os objetivos da ADC são definidos em termos políticos, sociais e culturais porque essa teoria olha para a linguagem como prática social e ideológica e para a relação entre os falantes como contextualizada por relações de poder, de dominação e de resistência institucionalmente instituídas. Desse modo, as escolhas linguísticas, discursivas e textuais que fazemos são influenciadas por esse conjunto de convenções sociais institucionalizadas em que vivemos. Por isso, os textos são a unidade básica de comunicação e, portanto, a unidade mínima para a análise crítica. Eles são analisados em termos interpessoais — a interação entre as pessoas — e ideacionais — como as pessoas representam o mundo. Por esse motivo, os estudos em ADC exploram temas como desigualdade social, identidade, racismo, gênero, capitalismo e pobreza.

Como podemos fazer ADC? Análises de texto sempre dependem do método. Chouliaraki e Fairclough (1999) dão os passos:

(a) percepção do problema (como relações de poder);
(b) identificação de obstáculos (elementos das práticas sociais) para que o problema seja superado;
(c) identificação da função do problema na prática;
(d) indicação dos possíveis modos de ultrapassarmos os obstáculos;
(e) reflexão sobre a análise.

Inicialmente, Fairclough (1992/2001) propôs o modelo tridimensional de análise de texto — análise textual, análise da prática discursiva e análise da prática social. Esse modelo era representado assim:

Quadro 2: Concepção tridimensional do discurso
Fonte: Fairclough, 1992/2001: 101.

Depois, Fairclough (2003) simplificou o modelo tridimensional para o modelo bidimensional, no qual a prática discursiva foi deslocada para dentro da prática social. Atualmente, considera-se o percurso em que Fairclough saiu do modelo tridimensional (1992), passou pelo bidimensional (2003) e chegou à análise social (2006), ou seja, à análise transdisciplinar. Nesse modelo, as dimensões *discurso* e *texto* migram para dentro da análise social, e a análise é iniciada pelo social, investigando os elementos da análise textual em três níveis de abstração:

(a) **eventos sociais** (texto);
(b) **práticas sociais** (ordens de discurso);
(c) **estruturas sociais** (linguagem).

Na análise dos eventos sociais, o texto é analisado em conformidade com quatro itens:

(a) **vocabulário**: *wording*, lexicalização, significação;
(b) **gramática**: forma como as palavras são combinadas em orações e em frases;
(c) **coesão**: ligação entre orações e frases;
(d) **estrutura textual**: arquitetura dos textos e seus modos de organização.

Na análise das práticas sociais, as práticas discursivas (ou ordens do discurso, ou ainda produção, distribuição e consumo do texto e contexto) são analisadas em três itens:

(a) **tipos de atos de fala**, ou **força ilocucionária**: se promessa, se pedido, se ameaça;
(b) **coerência**: harmonia entre fatos e ideias;
(d) **intertextualidade**: constituição de um texto com base em uma configuração de tipos de textos ou convenções discursivas e interdiscursividade.

Na análise das estruturas sociais, as práticas sociais (o que as pessoas fazem) são analisadas segundo dois conceitos, cuja combinação é útil para investigar a mudança discursiva em relação à mudança social e cultural:

(a) **ideologia**: sentidos, pressuposições e metáforas;
(b) **hegemonia**: dominação por alianças, incorporação de grupos subordinados e geração de consentimento; orientações econômicas, políticas, culturais, ideológicas.

Com esses passos em mente, fazem-se as perguntas que nortearão a escolha das categorias de análise. Essa escolha é apenas preliminar porque a escolha das categorias a serem utilizadas depende sempre dos textos analisados e das perguntas a que o pesquisador quer responder com sua investigação. Algumas perguntas sugeridas são:

(a) quais são os gêneros presentes no texto?
(b) que intertextualidades (outros textos) ou interdiscursividades (outros discursos) o texto apresenta?
(c) que presunções (opiniões, juízos, pretensões, suposições) o texto faz?
(d) que relações semânticas (causa-consequência; problema-solução; coordenações, subordinações) predominam no texto?
(e) como os atores sociais são representados (ativos ou passivos), como eles se comprometem com aquilo que asseveram, que juízos de valor emitem?

Esses passos resumidos da ADC é que permitem investigar e revelar como a linguagem atua na vida social. Revelá-lo é o que possibilita expor a universalização e a naturalização de discursos e de interesses particulares e a vinculação de textos particulares a ideologias específicas. Como método, não se deve esquecer de que pesquisas em ADC são qualitativas, são interpretativo-críticas; de que podem ser realizadas por pesquisa documental ou por pesquisa etnográfica — a arte e a ciência de descrever um grupo humano —; e de que seu principal material de estudo são textos (verbais, visuais, orais, escritos). A geração e a coleta de dados podem se dar por entrevistas, por pesquisa documental, por observação, por questionários, entre outros.

8. O caráter transdisciplinar da análise de discurso crítica

Falar da transdisciplinaridade da ADC é importante neste ponto porque **o caráter transdisciplinar da ADC advém de sua própria origem, de sua concepção de discurso, de seu caráter crítico, de sua visão dialética, mas também de suas possibilidades metodológicas.**

Nas últimas décadas, a ADC associou-se a diferentes disciplinas, como sociologia, filosofia, história, literatura, antropologia, estudos culturais, psicologia, linguística, educação, semiótica, pragmática, comunicação. Esse traço transdisciplinar da ADC se dá pelo rompimento com as fronteiras epistemológicas dessas teorias sociais para fundamentar a própria abordagem sociodiscursiva e, ao mesmo tempo, fundamentar pesquisas sociais quando elas abordam aspectos discursivos. Análises do discurso são naturalmente transdisciplinares porque se originam da confluência de outras disciplinas: a ADC tem a LC, as teorias neomarxistas, os estudos da Escola de Frankfurt e os estudos da linguística sistêmico-funcional em sua base.

Ademais, a própria concepção de discurso, o caráter crítico e a visão dialética em ADC corroboram a transdisciplinaridade dessa área. A concepção de discurso — linguagem como forma de prática social — impossibilita análises nesse campo sem uma aproximação a teorias e a conceitos das demais áreas do conhecimento das ciências sociais. Em ADC, a análise linguística deve, necessariamente, estar relacionada à crítica social. O próprio caráter crítico da ADC — que direciona as pesquisas para o uso da linguagem nas práticas sociais em que há assimetrias de poder — também contribui para sua transdisciplinaridade, para seu trânsito entre as ciências que também investigam as relações sociais, embora sob perspectivas distintas, mas complementares. Finalmente, a visão dialética da ADC tem afinidade com o caráter transdisciplinar porque, se os elementos da vida social são diversos e distintos e moldam-se mutuamente, o conhecimento e a compreensão desses elementos ganham com as contribuições de outras disciplinas.

Van Leeuwen (2005) fala em três modelos de interdisciplinaridade: o **centralista**, o **pluralista** e o **integracionista**. O primeiro é o modelo da relação entre disciplinas autônomas e diferentes, mas cada uma se vê como o centro do conhecimento. Um exemplo do **modelo centralista** é a utilização de conhecimentos de história, por exemplo, na introdução de um artigo na área de ADC apenas para estabelecer o contexto da pesquisa linguística. História e linguística não se unem, porém, para analisar um problema. No **modelo integracionista**, esse artigo teria sido escrito a quatro mãos: pelo analista do discurso juntamente com o historiador. O problema analisado é o foco; as disciplinas, porém, são interdependentes. No **modelo pluralista**, o problema analisado é central também, e não as ferramentas e as metodologias de cada área, como no modelo centralista. É o modelo que resulta da cooperação entre disciplinas que estão tratando do mesmo assunto, mas de diferentes perspectivas. A noção de triangulação é muito invocada nesse modelo. Um exemplo típico é o projeto de pesquisa que tem abordagem de análise textual com base na linguística e na semiótica, por exemplo. A diferença entre o pluralista e o integracionista é que este último reconhece que uma disciplina sozinha não resolve satisfatoriamente um problema.

A pesquisa transdisciplinar será guiada por seu próprio objeto: a análise de textos de educação demandará o apoio de áreas da educação, como a teoria crítica da educação, a pedagogia ou a psicopedagogia; a análise sobre a mercantilização de discursos na educação demandará, além do apoio dessas áreas, apoio das áreas de economia ou de políticas de educação. Pesquisas com *corpus* de publicidade demandarão apoio nos estudos de comunicação social, de publicidade, de teorias da enunciação. A própria metodologia pode pressupor transdisciplinaridade, por exemplo, entre ADC e etnografia.

9. A análise de discurso crítica hoje

No que toca à contribuição da ADC para a investigação das relações entre texto e sociedade, dois aspectos são fundamentais. O primeiro diz respeito ao papel da ADC na investigação das naturalizações das assimetrias de poder. É extremamente interessante e produtivo acompanhar os estudos, por exemplo, acerca das consequências do neoliberalismo, dos desaparecimentos por motivos políticos, dos micromachismos, dos microrracismos, dos movimentos migratórios, das questões de gênero em cada continente;

o discurso da cultura neoliberal de auditoria nas universidades públicas de todo o mundo, sobretudo, na Europa; os discursos acerca dos desaparecimentos políticos na América Latina; o discurso publicitário sobre a mulher, idealmente magra, loira, sensual em todo o globo; o discurso da neutralidade racial nas escolas no lugar do discurso etnicamente engajado; o discurso político sobre o Movimento dos Sem-Terra e dos Sem-Teto no Brasil; os discursos sociais sobre as ondas de imigrantes, sobretudo, na Itália. Esses estudos refletem o que predomina nos problemas sociais de cada região do globo. O segundo aspecto incide sobre as contribuições que a ADC tem a dar nesta época de interações cada vez mais virtuais devido ao grande avanço da tecnologia. Novos modos de se expressar, inclusive virtualmente, trazem novos desafios à ADC.

Na década de 1990, Fairclough (1992/2001) já alertava para a importância das ciências sociais nos estudos das mudanças econômicas, sociais, políticas e culturais porque elas se preocupam com tais mudanças à luz de conceitos como globalização, destradicionalização, pós-modernidade, hegemonia e poder. A linguística, especificamente, tem grande contribuição a dar porque, nesses contextos, interações e processos são cada vez mais linguisticamente mediados. Nas sociedades modernas (ou sociedades da modernidade tardia), fragmentadas e plurais, existem fragmentação de discursos e pluralidade nas mais variadas esferas públicas e, claro, diferenças sociais. A intervenção política efetiva por parte dos cidadãos depende, portanto, de diálogos entre os níveis locais, nacionais e globais.

Para seus fundadores, a ADC deve ser vista como contribuição à investigação crítica sobre a modernidade tardia, especialmente nas duas últimas décadas de transformação econômica e social profunda em escala global, porque essas mudanças sociais criam novas possibilidades e oportunidades, mas causam também perturbações, desigualdades e sofrimento para sociedades, comunidades e indivíduos. Essas transformações se dão também na linguagem e no discurso. Logo, é aqui que a ADC pode contribuir: mudanças econômicas, sociais e culturais da modernidade tardia existem como discursos e como processos que ocorrem dialeticamente fora desses discursos.

As reflexões em ADC sobre a modernidade tardia baseiam-se também no pensamento de Giddens (1991). Ele analisa a modernidade sob a perspectiva institucional com ênfase cultural e epistemológica. Para fazê-lo, ele define modernidade como estilo, como costume de vida ou como organizações sociais emergentes na Europa a partir do século XVII e globalizadas em sua influência. Mais precisamente, ele define a expressão *modernidade tardia* como a fase de desenvolvimento das instituições modernas e em cujos traços se veem: separação entre tempo e espaço, uma vez que as pessoas interagem mesmo distantes no tempo e no espaço; mecanismos de desencaixe, que caracterizam o deslocamento das relações em contextos sociais; reflexividade institucional, que se refere à rotinização da vida cotidiana sem conexão intrínseca com o passado. Na modernidade tardia, portanto, a reflexividade está no fato de que as práticas sociais são constantemente examinadas e reformadas à luz de informação renovada sobre essas mesmas práticas.

Giddens (1991) defende que uma abordagem epistemológica coerente sobre o tema — modernidade — exige um olhar para a própria natureza da modernidade e não apenas a invenção de novos nomes como *pós-modernidade*. Demanda, ainda, a discussão crítica de alguns dos pontos de vista dominantes na sociologia que não permitem que os debates sobre modernidade e pós-modernidade enfrentem as deficiências das próprias posições sociológicas estabelecidas. Ao contrário das concepções tradicionais, Giddens defende: a natureza da modernidade não é apenas capitalista, mas multidimensional — capitalista, industrial e racional — no interior das organizações. Ele sugere que a sociedade seja vista como uma ligação entre tempo e espaço porque esses conceitos mudaram na modernidade. Segundo ele, para compreender a natureza da modernidade, temos de dar conta do dinamismo e do escopo globalizante das instituições modernas e suas descontinuidades em relação a culturas tradicionais. Destacam-se ainda no pensamento giddensiano a assunção das continuidades entre o tradicional e o moderno, a assunção de que nem tudo é fragmentação porque há episódios precisos de transições, a assunção de que a modernidade não é um evento pacífico.

Dessa forma, para Giddens (1991), a pós-modernidade é a saída das instituições da modernidade em direção a um novo tipo de ordem social. Ele esclarece que não estamos ainda em um universo pós-moderno, mas podemos ver seus traços mais conspícuos: dissolução do evolucionismo; desaparecimento da teleologia (estudo da finalidade) histórica; reconhecimento da reflexividade meticulosa, constitutiva; evaporação da posição privilegiada do ocidente. Onde entra a ADC em tudo isso?

Essas transformações envolvem relações de poder devidas à potência dos discursos na formação de realidades. Existem consideráveis interesses em jogo na hegemonia de alguns discursos. Daí a importância de revelar percepções equivocadas de alguns deles e de suas naturalizações. Esse é o efeito desmistificador da ADC nas relações desiguais de poder por meio da linguagem, em que o discurso é ideologicamente trabalhado.

Ainda sobre as novas perspectivas em ADC, não podemos deixar de falar do impacto das tecnologias nos textos. É por isso que análises textuais hoje têm se fixado também nas dimensões visuais (imagens) e nas demais dimensões semióticas da linguagem: filmes, músicas, pinturas, esculturas, gestos, sons, espetáculos. Nessa área, as contribuições de Kress (2010) e de Kress e van Leeuwen (2006) são fundamentais. Daí a necessidade de uma teoria semiótica para definir a linguagem também levando em consideração o social. Falar em tecnologia no fazer textual é falar em mudança de suporte, em novos gêneros, em novos públicos consumidores de textos. É falar, também, da rápida disseminação de ideias e de ideologias em tempos de globalização e, logo, de efeitos causais cada vez mais imprevisíveis desses textos. É falar, finalmente, do texto em seu sentido mais amplo: linguagem verbal e visual, novas e complexas semioses. Tudo isso impacta o trabalho do analista crítico do discurso e traz uma recente linha de pesquisa: a teoria da semiótica social da multimodalidade (TSSM).

Multimodalidade é todo o arranjo que compõe um texto, em qualquer modo, verbal e visual, que envolva: diagramação, cores, ilustrações, fontes, formatação, tipo de papel, gestos, entonação de voz, expressões faciais, fotografias, arquiteturas, partituras musicais. Com base nesse conceito, podemos afirmar que o conceito de linguagem, consequentemente, não pode se restringir aos elementos da linguagem verbal, pois, cada vez mais, outros recursos que servem de meio de comunicação de ideias ou de sentimentos estão presentes nas novas linguagens — publicidade, internet, sinais, *emoticons*. Multimodalidade (ou multissemioticidade), portanto, refere-se às várias formas de representação que compõem uma mensagem. Por isso, nenhum sinal ou código pode ser analisado isoladamente, mas na composição da mensagem. Os estudos da TSSM desenvolvem-se no âmbito da semiótica social. Esse novo enfoque semiótico investiga as modalidades de comunicação, inclusive, a linguagem escrita e oral, mas não apenas elas, e o faz com a mesma precisão metodológica da ADC nos textos verbais.

Para Vieira (2007), apenas a análise multimodal do texto em suas multissemioses pode dar conta das ideologias e das intenções das várias formas de comunicação humana, afinal, na concepção semiótica dos textos multimodais, a leitura e a produção dos textos são culturais; produtores e leitores exercem poder sobre os textos produzindo signos conforme seus interesses; os textos multimodais incorporam histórias sociais e culturais, contextos e ações dos produtores desses signos, cuja relação entre significado e significantes é, logo, motivada. Ela conclui que de nada adianta jogar o discurso linguístico contra o visual. Ao contrário, se soubermos analisar ambos os discursos, verbal e visual, encontraremos o sentido dessas duas formas de comunicação.

No artigo "Novas perspectivas para o texto: uma visão multissemiótica", Vieira (2007) lembra que, no passado, para escrever, bastava uma máquina datilográfica. Hoje, com os aparatos tecnológicos, os textos trazem recursos visuais multimodais em maior número e com maior grau de sofisticação: para além das imagens, que acompanham textos desde a antiguidade, grande número de fontes e de cores, de som e de movimento entrelaçam-se para construir os novos sentidos exigidos pelos textos contemporâneos.

Ainda conforme Vieira (2007), as práticas discursivas cotidianas testemunham em favor da imagem como a forma de comunicação mais eloquente. Agora, as imagens não são apenas ilustrativas; elas fazem parte da composição do texto; constroem sentido. Esse novo enfoque semiótico inclui todos os meios e os recursos disponíveis para a comunicação, inclusive, a linguagem verbal, que se desloca para um *status* de igualdade ou, por vezes, de subordinação em relação à imagem ou a outros modos semióticos. As interações nas sociedades modernas são, portanto, multimodais.

10. Qual a relação entre análise de discurso crítica e multimodalidade?

É a relação entre texto e imagem. **Do mesmo modo como a ADC se preocupa com a ideologia da linguagem verbal, a semiótica social atribui grande ideologia às representações sociais visuais e às que utilizam outros modos semióticos, abrindo-as a interpretações ideológicas.**

Kress e van Leeuwen, autores da obra *Reading Images: the Grammar of Visual Design* (2006), afirmam: expressar algo de modo verbal ou visual é bem diferente. É preciso perguntar se ambos têm o mesmo papel, se desempenham a mesma função, se apenas coexistem ou interagem. Essas perguntas procedem, uma vez que ambos os modos têm pontos em comum e pontos divergentes. Como objeto de estudos, a linguagem verbal insere-se no campo da ADC; a imagem, no da TSSM. Assim como a ADC se concentra na realização linguística do texto, os estudos da multimodalidade buscam compreender os diferentes modos de representação que compõem esse texto. Na relação entre imagem e escrita, o modo como a subjetividade e a objetividade são utilizadas na linguagem (por exemplo, com a presença ou a ausência de expressões como "acredito que") é diferente na imagem (por exemplo, por meio da presença ou da ausência do ângulo de visão). A abordagem da comunicação é social, por isso, em textos multimodais, imagens carregam um sentido (cujo significado está nos olhos de quem vê), e a linguagem, outro.

Apesar dessas diferenças, as estruturas visuais, assim como as linguísticas, apontam para interpretações particulares das experiências e das interações sociais. Assim, na leitura de imagem, conclui-se que os modos semióticos também são frutos das ações sociais. Considerando a atual predominância dos sistemas semióticos (textos verbais e visuais), os estudiosos do discurso têm ampliado a noção de texto para uma concepção mais ampla de texto como discurso, escrito ou falado, e para outras formas simbólicas, como imagens e textos formados por palavras e por imagens.

No artigo "Cincuenta años de estúdios del discurso", van Dijk (2015) admite que falar sobre o futuro dos estudos do discurso não deixa de ser especulação. Nem mesmo os poucos pioneiros da análise de discurso dos anos 1960 puderam predizer os desenvolvimentos das pesquisas nessas áreas nas décadas seguintes, como a imensa riqueza, diversidade e multidisciplinaridade desses estudos hoje, inclusive, os estudos da multimodalidade. Como dizem Chilton e Wodak (2005), estudos de análise do discurso, críticos ou não, espalharam-se pelo globo, sendo amplamente aplicados, sobretudo, para a compreensão da relação dialética entre discurso e sociedade em contextos de graves problemas sociais.

Nos países da Europa e da América do Norte, muitos são os estudos sobre o discurso neoliberal em várias instâncias da sociedade, inclusive, as públicas (ver Marilyn Strathern, 2005), e sobre o racismo, aguçado pelo crescente número de imigrantes que aportam em suas costas em busca de uma vida melhor. Na América Latina, estudiosos têm se debruçado sobre os discursos acerca dos movimentos sociais, dos menos favorecidos, dos desaparecidos políticos. Acadêmicos africanos publicam cada vez mais em jornais europeus. Na Ásia, sobretudo, na China, pesquisadores estudam as facetas discursivas de suas rápidas mudanças sociais, inclusive, em projetos conjuntos com seus pares europeus. Assim, estudiosos do discurso vão estabelecendo as próprias agendas nas quais a natureza, os objetivos, os métodos e as metas da ADC serão criativamente transformados.

CAPÍTULO 4

Discurso e prática social

Paulo Roberto Gonçalves-Segundo

1. Iniciando o diálogo

Se tivéssemos de eleger um aspecto central para definir uma ciência como *crítica*, seria primordial ela estar orientada para uma reflexão que pudesse levar a uma mudança social de fato. Uma abordagem crítica do discurso — e, em termos mais amplos, da vida social — deve levar em consideração as coerções estruturais das diversas práticas em que estamos envolvidos, ao mesmo tempo em que deve valorizar nossa capacidade de agir e, principalmente, de refletir e de resistir, a fim de que possamos vislumbrar o objetivo fundamental: a denúncia de relações de poder e de dominação que oprimem e excluem para, assim, tentar viabilizar uma sociedade mais igualitária, justa e democrática.

Longe de sermos ingênuos, nós, cientistas críticos, sabemos, inclusive, que todas essas concepções são fruto de ideologias diversas, produtos de articulações de distintas práticas discursivas, construídas no seio de várias práticas sociais e, portanto, com raízes históricas que podem ser determinadas. Afinal de contas, procurar a justiça, a igualdade e a democracia consiste em um ideal inescapável para a ciência crítica, mas como definir tais noções sem refletir em que contexto sócio-histórico elas emergem, por quais articulações elas passam e de que forma elas se sustentam e/ou se modificam? O discurso encontra-se sempre *encaixado* em uma prática social que, em maior ou menor grau, estrutura os nossos dizeres e as nossas ações — inclusive, a de analisar discursos criticamente.

Neste capítulo, o que pretendemos é justamente compreender essa dinâmica entre o discurso e a prática social, ou seja, de que maneira podemos conceber as relações entre agentes, estruturas, práticas, textos e eventos, a partir das propostas de Fairclough (2003, 2010) e de Chouliaraki e Fairclough (1999), além de outros autores com quem é possível dialogar, como Hanks (2008), Melo (2012), Gonçalves-Segundo (2011), Resende e Ramalho (2006), Giddens (2009) e Lemke (2005).

2. A concepção tridimensional de discurso

Fairclough (2010 [1995]) propõe um método tridimensional de análise discursiva baseado nas seguintes premissas:

1. todo discurso se manifesta em um texto — seja ele apenas linguístico, multimodal, oral e/ou escrito;
2. todo discurso é processado por uma prática discursiva de produção, distribuição, consumo e interpretação textuais;
3. todo discurso se encaixa em uma prática social/sociocultural.

A atividade de *manifestação* ou *instanciação* diz respeito à materialização do texto. Tal materialização envolve tanto escolhas decorrentes da relativa liberdade do agente quanto coerções advindas da estruturação das práticas. Fairclough (2010[1995]) afirma: cabe ao analista de discurso crítico *descrever* a dimensão textual em termos de todas as variáveis multimodais pertinentes. No que se refere estritamente à linguagem verbal, devemos considerar categorias semânticas, léxico-gramaticais, fonético-fonológicas (e/ou grafológicas), baseadas em teorias que considerem como central a questão da significação e do caráter sociocultural da linguagem. Nesse sentido, a linguística sistêmico-funcional de Halliday (2004) consiste em um aparato privilegiado para tal abordagem. Recentemente, também a linguística cognitiva tem sido invocada como instrumento analítico (Hart, 2010, 2014; Chilton, 2005; Gonçalves-Segundo, 2014, 2017).

O termo *processamento* abrange a atividade dinâmica que envolve a textualização. Para Marcuschi (2008), o texto é um evento comunicativo, sociocognitivo, aberto à pluralidade de sentido. Nessa perspectiva, a significação não se encerra no ato de produção — mesmo em textos escritos, nos quais o consumo se dá *a posteriori*, como em um editorial de jornal. O outro (Voloshinov, 2015) é sempre uma dimensão implicada no ato discursivo, uma vez que o texto sempre responde às diversas concepções de realidade circulantes — concordando com elas, discordando de algumas, reconhecendo dadas possibilidades, anulando outras etc. Além disso, devemos compreender que uma prática discursiva também deve ser pensada em termos de sua distribuição entre os atores nela envolvidos — nem todos eles podem assumir os mesmos papéis e praticar qualquer gênero. Em ambiente escolar, por exemplo, é papel do professor assumir a prática de ministrar aula ou corrigir provas e trabalhos. Logo, a prática discursiva comporta modelos sociocognitivos daquilo que se espera ocorrer em uma interação sociossemiótica. A essa etapa da análise, Fairclough (2010[1995]) denomina *interpretação.*

Já o termo *encaixamento* busca dar conta do fato de que o discurso é um momento da prática social, conforme mostra Harvey (1992). Nesse sentido, ele irá incorporar características e propriedades da prática, ou seja, as relações de poder e de solidariedade que a constituem, as potencialidades de expressão garantidas pelas tecnologias e pelos recursos materiais disponíveis, o regime de restrições e de preferências institucionais vigente, entre outras. Nesse nível, cabe ao analista *explicar* o discurso, buscando relacionar a materialização textual com as práticas de produção, distribuição, consumo e interpretação, considerando sua ancoragem social, o que requisita uma abordagem sociológica, antropológica, econômica, e/ou histórica, a depender do objeto de estudo.

O gráfico abaixo mostra as relações descritas acima:

O retângulo representa a PRÁTICA SOCIAL, na qual a PRÁTICA DISCURSIVA – o anel – encontra-se **encaixada**. O TEXTO consiste na **materialização** de um evento sociossemiótico em uma prática discursiva e, por ser o objeto de estudo do analista de discurso crítico, está alocado no centro. Entretanto, o texto deve ser **processado** pela prática discursiva, ou seja, deve ser produzido, distribuído, consumido e interpretado, processo esse que, longe de ser livre e irrestrito, está cerceado por condições institucionais, restrições materiais, jogos de poder, além das crenças e dos valores dos atores envolvidos, aspectos oriundos do **encaixamento** em dada prática.

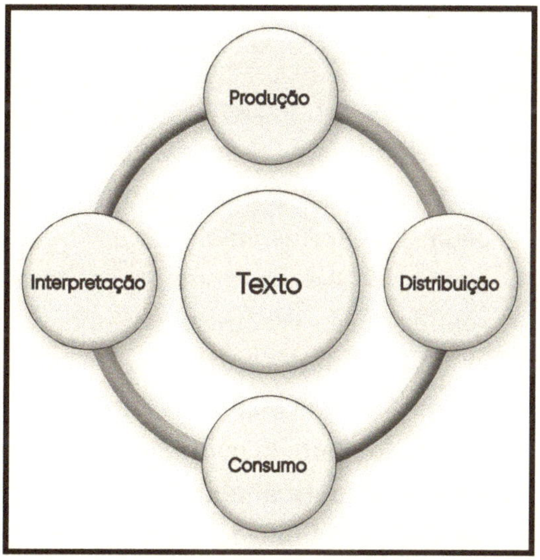

Figura 1: O modelo tridimensional de análise crítico-discursiva.

Pensemos, como exemplificação, nas práticas associadas às instituições de ensino superior. No Brasil, as instituições estaduais e federais de ensino superior estão, em geral, envolvidas em práticas de ensino, pesquisa científica e extensão. Tipicamente, práticas sociais de ensino integram-se a práticas sociais de pesquisa, na medida em que alunos de iniciação científica e de pós-graduação assistem a aulas — envolvendo-se, portanto, em uma prática discursiva, com certo papel e determinada expectativa de atuação —, que, por sua vez, servem como subsídio para o aprendizado de técnicas e métodos de pesquisa e de análise de dados.

Cada aula é produzida pelo docente em conjunto com os alunos, com participação direta de todas as instâncias ou com a participação do outro apenas como projeção do produtor — o que pode ser ilustrado pela diferença entre aulas interativas e aulas totalmente expositivas, respectivamente —, o que resulta em um texto. Esse texto, como evento sociocognitivo e comunicativo, é sempre interpretado a partir das posições dos consumidores — alunos — que reconstroem a significação, atividade responsável pela pluralidade de sentidos. Em outros termos, o sentido sempre escapa à unicidade, embora não tenda à infinitude ou ao caos, dadas as coerções do processamento e do encaixamento.

O texto pode, então, ser *descrito*:

(a) **textualmente**, podemos nos perguntar quais partes compõem o gênero *aula* em cada uma de suas vertentes, que função cada parte executa, que recursos linguísticos tendem a caracterizar cada estágio funcional;
(b) **semântico-discursivamente**, podemos indagar que recortes da realidade são processados nas diversas aulas do ensino fundamental ou ainda quais atores sociais são situados em primeiro ou em segundo plano nas aulas de história do ensino médio, verificando também como são avaliados;
(c) **léxico-gramaticalmente**, podemos investigar que representações são modalizadas, quais vozes verbais (ativa, passiva) são favorecidas, entre várias possibilidades.

Essa etapa fundamentará a *interpretação* da prática discursiva, momento no qual procuramos depreender quais são as representações de aula vigentes, quais modelos são hegemônicos (dominantes) e quais são alternativos, que estilos prevalecem, que tipo de aluno está sendo pressuposto como audiência, que tipo de identidade de aluno e de professor está sendo internalizado (ou inculcado), entre outros. Por fim, ambas as análises devem ser *explicadas* por meio de uma abordagem social, o que requer um aparato teórico de outras áreas das humanidades. Nessa etapa, depreendemos as relações de poder e de solidariedade vigentes, os interesses institucionais, os mecanismos coercitivos e legitimadores da ação, as ideologias que subjazem à prática, procurando concatenar língua e discurso, por um lado, e discurso e sociedade, por outro. Em outros termos: os recursos linguísticos dão pistas parciais e, não raro, opacas, acerca da estrutura social; cabe ao analista partir desses traços dispersos pela superfície textual, para, em face do conhecimento sobre o contexto — situacional, social, cultural —, depreender aquilo que está "invisível" na estrutura e que serve como meio de legitimação e mobilização de dadas ações sociais e não de outras.

Isso posto, passamos a definir o que podemos entender por prática, enfatizando a compreensão da noção de *prática social*.

3. Sobre práticas e prática social

Para Chouliaraki e Fairclough (1999: 21, tradução nossa) a vida social é constituída de práticas, de

> [...] modos rotinizados, ligados a espaços e tempos particulares, por meio dos quais as pessoas aplicam recursos (materiais ou simbólicos) para agir conjuntamente no mundo. Práticas são constituídas ao longo da vida social — nos domínios especializados da política e da economia, por exemplo, mas também no domínio da cultura, incluindo a vida cotidiana.

A vantagem de trabalharmos com práticas decorre do fato de elas constituírem um elo entre as estruturas sociais — mais abstratas — e seus mecanismos de reprodução, de um lado, e os eventos sociais concretos e sua irreprodutibilidade, de outro. Em outros termos, elas consistem em pontos de articulação entre a *estruturação* e a *construção*, entre a *coerção* e a *agência*.

Nesse sentido, o termo *práticas* pode — e deve — englobar tanto as ações sociais instanciadas em coordenadas espaçotemporais localizadas, quanto sua relativa permanência e padronização resultante da reprodução dessas ações. Em outras palavras, são as ações localizadas dos atores sociais que estabilizam, em maior ou menor grau, a prática, do mesmo modo que o conhecimento internalizado da prática ajusta o modo de agir do ator social aos limites previstos por essa mesma prática. Em consequência disso, torna-se imprescindível considerar uma dimensão reflexiva e cognitiva inerente ao agente mobilizador e (re)produtor da prática (Giddens, 2009; Van Dijk, 2003; Gonçalves-Segundo, 2011).

Práticas diferenciam-se de estruturas, na medida em que elas consistem em "condições de fundo duráveis que sustentam a vida social, mas que podem ser vagarosamente transformadas por ela" (Chouliaraki; Fairclough, 1999: 22, tradução nossa). Para Giddens (2009), a estrutura é sempre restritiva e facilitadora, pois, por um lado, impõe limites ao agir e, por outro, sistematiza possibilidades relevantes de ação.

Práticas também se distinguem de eventos, já que esses equivalem às interações imediatas, aos acontecimentos locais e concretos da vida social, em que textos podem ser produzidos. Nos eventos, a agência social encontra seu primado; é nesse nível que a vida social se desenrola concretamente. Entretanto, é ingênuo acreditar que o indivíduo possui plena liberdade para agir em cada uma de suas interações concretas, em cada uma de suas produções textuais. Pelo contrário: toda produção sociossemiótica implica uma negociação de sentidos, num processo guiado pelas expectativas e coerções advindas de nossa inserção em redes de práticas sociais que consolidam — mas não engessam — a estrutura.

Chouliaraki e Fairclough (1999) destacam três aspectos conceituais fundamentais para a compreensão da prática:

1. práticas são formas de produção de vida social, o que implica dizer que elas são inerentes a todo e qualquer campo, seja ele econômico, social, político ou cultural;
2. cada prática encontra-se articulada a uma rede de outras práticas, de modo que as relações externas a dada prática determinam sua constituição interna;
3. toda prática tem uma dimensão reflexiva, na medida em que as pessoas geram representações de suas ações na medida em que agem[1].

O termo *produção* é utilizado em sentido amplo e envolve o uso de recursos materiais e/ou simbólicos por pessoas em determinadas relações para alcançar certos efeitos. Como exemplo de recurso material, podemos citar o uso de tecnologias de vigilância, como câmeras, para controlar o comportamento humano, procedimento esse muitas vezes legitimado por demandas mais ou menos "reais/concretas" de segurança. Em termos simbólicos, podemos mencionar as práticas de avaliação docente no ensino privado como forma de regular as ações dos professores e seus impactos no corpo discente, a fim de garantir — supostamente — um nível mais ou menos ideal de satisfação dos alunos e, especialmente, dos pais-consumidores-clientes, o que já mostra uma articulação ou hibridização de

---

[1] Trata-se, *grosso modo*, dos aspectos envolvidos no *modelo de estratificação do self*, proposto por Giddens (2009). Este autor entende que as pessoas monitoram reflexivamente sua conduta, possuem motivações para agir segundo uma gama de objetivos e racionalizam, dinamicamente, a atividade. Gonçalves-Segundo (2011: 15) sintetiza o modelo do seguinte modo: "A monitoração reflexiva envolve o controle e a regulação contínua que os atores realizam tanto do fluxo de atividades em que estão envolvidos quanto dos aspectos contextuais em que se encontram inseridos, esperando que os outros também o façam. A racionalização refere-se a uma espécie de entendimento teórico que os agentes sociais possuem acerca das atividades realizadas, de modo que, em geral, são capazes de explicitar as razões que envolvem as ações que praticam, muito embora tal entendimento nem sempre consiga ser apresentado discursivamente. Por fim, motivação refere-se às necessidades que instigam a ação, ao potencial para a ação, e não ao modo pelo qual ela é executada. Em muitos casos, envolvem projetos globais e planos; em outros, encontram-se associadas a aspectos inconscientes. Como consequência, Giddens (2009) refere-se a três tipos de consciência, em substituição à proposta freudiana de ego, superego e id. São eles: a consciência discursiva, a consciência prática e os motivos inconscientes. Especialmente entre os dois primeiros, o autor não busca traçar uma linha rígida de separação, visto que o ponto diferencial básico consiste naquilo que o agente pode dizer acerca de sua conduta e aquilo que é simplesmente realizado".

práticas oriundas do campo empresarial ou gerencial com o domínio educacional.

Em relação à articulação entre práticas, é importante ressaltar que ela está diretamente associada à dinâmica de poder. Nesse sentido, as permanências consistem em resultado do jogo de poder em uma rede de práticas, em geral, ideologicamente legitimadas. Para refletirmos sobre isso, precisamos trazer/recuperar, ainda que sinteticamente, a noção de ideologia[2].

Giddens (2009) entende ideologia como uma forma de representação que legitima assimetrias de dominação. Fairclough (2003: 9, tradução nossa), por sua vez, concebe-as como "representações de aspectos do mundo que contribuem para o estabelecimento, a manutenção e a mudança de relações sociais de poder, dominação e exploração" e que podem ser inculcadas em estilos (modos semióticos de ser) e engendradas em ações (modos semióticos de agir). Em outros termos, a ideologia pode se manifestar em disposições corporais, linguísticas e práticas, o que remete, em maior ou menor medida, à noção de *habitus* proposta por Bourdieu[3].

Nesse sentido, ideologias colaboram para a hegemonia, ou seja, para a dominação relativamente duradoura, mas instável — por estar sujeita ao conflito entre diferentes agências, práticas e discursos —, baseada no consenso, de um grupo social sobre outro, o que é parcialmente garantido pelo processo de naturalização das práticas.

O termo *naturalização* aplica-se ao fato de determinado grupo social considerar os elementos de uma prática dada como corretos, verdadeiros, bons, legítimos e/ou suficientes, sem questionar se são, de fato, necessários ou mesmo desejáveis, condenando alternativas de ação, identificação e representação. Essa fabricação de

2 Para uma visão mais detalhada, que aborda, inclusive, suas formas de operacionalização, consultar o capítulo 3: "Conceitos-chave em análise de discurso crítica".

3 Segundo Hanks (2008: 42), "de um ponto de vista linguístico, o *habitus* corresponde à formação social dos falantes, o que inclui a disposição para determinados tipos de uso linguístico, para avaliá-los segundo valores socialmente internalizados e para incorporar a expressão ao gesto, à postura e à produção da fala".

consensos (Gramsci, 1995; Melo, 2012) é um dos modos de garantir que os grupos instalados no poder consigam manter seus privilégios por estabilizarem — ainda que local, temporária e instavelmente — elementos da prática que sustentam as desigualdades que são de seu interesse.

Chouliaraki e Fairclough (1999), baseados em Harvey (1992), propõem que o discurso seja um dos momentos ou elementos da prática social. A seu lado, estão:

1. as relações sociais, que podem ser pensadas em termos tanto verticais — o que abarca acesso a recursos e, portanto, (as)simetrias de poder, — quanto horizontais, o que envolve grau de familiaridade, solidariedade e intimidade entre atores sociais;
2. as atividades materiais, que incluem o conjunto de ações não semióticas produzido durante a prática;
3. as crenças, os valores e os desejos dos atores sociais, o que já aponta para a consideração da dimensão cognitiva.

Na visão crítico-discursiva, embora a ênfase resida na análise da semiose, nenhum dos momentos é mais relevante do que o outro, pois o que há entre eles são relações de ordem dialética — ou seja, cada momento internaliza aspectos dos demais (em outros termos, internalizam-se potencialidades e coerções externas), sem que eles sejam reduzidos uns aos outros.

O que isso quer dizer? Que o discurso é influenciado, por exemplo, pelas crenças, valores e desejos dos atores sociais envolvidos, mas que o texto produzido não equivale a essas crenças ou valores; de modo análogo, o discurso é influenciado pelas relações sociais entre os participantes, o que pode ser observado pelo uso de certas formas de polidez, por exemplo, mas esse uso não equivale às relações sociais observáveis nem as reflete perfeitamente; ou ainda que as crenças e os valores podem, de fato, ter impacto sobre a maneira como agimos material ou semioticamente — por exemplo, aplicar a palmada, colocar de castigo ou conversar com a criança após ela ter feito algo que foi considerado errado —; entretanto, uma dimensão não esgota a outra.

Nesse sentido, o que podemos concluir é que o ator social sempre se engaja em uma atividade reflexiva dinâmica em relação à sua ação; em outras palavras, todos nós sempre ativamos uma "teoria" que guia, em maior ou menor grau, nossa atuação em determinada prática discursiva e social. O que tem acontecido, entretanto, na modernidade tardia, é a incorporação de conhecimentos advindos das ciências humanas, exatas e biológicas às práticas cotidianas — assim, criamos nossos bebês segundo o que psicólogos e médicos julgam mais correto ou eficaz; estudamos da maneira que pedagogos e psicopedagogos avaliam como mais eficiente; cozinhamos conforme "dicas" e informações de *chefs*, acessadas com recurso a programas televisivos ou plataformas da internet, como o YouTube.

A reflexividade consiste em um fator sociocognitivo constitutivo das práticas. "Social", pois as "teorias" que adquirimos e mobilizamos advêm de nossa inserção em uma rede de práticas; "cognitivo", pois se trata de conhecimentos estruturados a partir de esquemas mentais abstratos, que guiam nossa ação material e semiótica, na medida em que são responsáveis por regular expectativas, padrões de comportamento, entre outros.

Consequentemente, torna-se extremamente relevante, para os grupos dominantes, controlarem as representações das práticas, direcionando a perspectiva "teórica" a partir da qual ela deve ser interpretada, buscando, assim, garantir a reprodução da estrutura social vigente. Desse aspecto, destacamos duas questões:

1. a reflexividade é elemento de conflito social (Chouliaraki e Fairclough, 1999);
2. as construções reflexivas orientadas para a sustentação das relações de dominação podem ser denominadas *ideologias*.

As ideologias são parte fundamental do estabelecimento da hegemonia por consenso, sustentando relações de poder que legitimam um mundo "naturalizado". Todo esse processo é de ordem sociocognitiva e, portanto, ligado à reflexividade.

> Ideologias são construções [discursivas] de práticas a partir de perspectivas particulares [...] que apagam as contradições, dilemas e antagonismos em função dos interesses e dos projetos de dominação (Chouliaraki e Fairclough, 1999: 28, colchetes nossos, tradução nossa).

Para Van Dijk (2003), a ideologia posiciona os atores sociais em grupos identitariamente coesos, criando uma oposição entre *nós* e *eles*. É dessa oposição — que implica diferentes valores, crenças e desejos, além de distintas capacidades de acessar e mobilizar recursos materiais e semióticos — que emerge o conflito social, na medida em que cada lado busca legitimar — e muitas vezes, normatizar e impor — suas ações, projetos e reivindicações, o que torna toda e qualquer prática social um palco para a alternatividade e para a contradição entre formas de representar, agir e ser.

Isso posto, podemos sintetizar as ideias que desenvolvemos da seguinte forma:

1. Todo texto é resultante de uma atividade discursiva, que instancia/materializa os objetivos comunicativos dos agentes em face das estruturas sociocognitivas que as limitam.
2. As práticas discursivas não são igualmente desenvolvidas por todos os atores envolvidos na prática, uma vez que o acesso aos recursos necessários para desenvolvê-las não é igualitário. Em consequência disso, os mecanismos de produção, distribuição, consumo e interpretação de textos criam oposições entre atores sociais, abrindo espaço para polarizações ideológicas.
3. As práticas discursivas/semióticas encaixam-se em práticas sociais, constituindo-se em um de seus momentos. As práticas sociais devem ser entendidas como um nível intermediário entre as estruturas sociais, mais abstratas e duráveis, e os eventos sociais, mais concretos e pontuais. Nesse sentido, consistem em um nível que permite compreender tanto a agência e a possibilidade de resistência (caráter centrífugo da ação humana), quanto a coerção e a possibilidade de manutenção/reprodução social (caráter centrípeto da ação humana).

4. Discurso e prática social: o terreno das ordens do discurso

Se transpusermos as reflexões realizadas acerca de eventos, práticas e estruturas sociais para o domínio da linguagem, teremos as seguintes correspondências:

1. as estruturas sociais estariam no mesmo nível de abstração das línguas;
2. as práticas sociais se equipariam às ordens do discurso;
3. os eventos sociais seriam os textos.

Inspirado na concepção sistêmico-funcional (Halliday, 2004), Fairclough (2003) entende que a língua define um potencial, um conjunto de possibilidades de construção de sentido. Matthiessen (2009) vai além e propõe que a língua consiste em um sistema dinâmico aberto que atua como recurso tanto para a reflexão quanto para a ação. Tal definição requisita algumas explicações.

A língua é um sistema, pois se organiza em uma rede de opções, a partir da qual o falante, para construir sentido, seleciona determinada combinação de alternativas e a realiza nos diversos níveis: da fonética-fonologia ou grafologia (*expressão dos sons e dos grafemas*), passando pela léxico-gramática (*organização da oração e seleção de palavras*) e pela semântica discursiva (*constituição do significado*).

O sistema é dinâmico, pois se adapta às necessidades dos atores sociais, que interagem em múltiplos contextos, com distintos objetivos comunicativos, sob as coerções de redes de práticas diversas. Os novos usos não desarticulam o sistema, mas o pressionam paulatinamente para diferentes orientações, sem que isso desestruture a própria rede. Basta pensarmos na inclusão de *você* no sistema pronominal do português. Atualmente, ele é um pronome pessoal, paralelo a *eu, ele, nós*. Sua inclusão levou a adaptações em algumas regiões do Brasil, onde o *tu*, assim como a conjugação de segunda pessoa verbal (*ajudas, fazes, cantas*), praticamente inexistem, e, mesmo assim, todos conseguem entender que *você*, mesmo conjugado na terceira pessoa gramatical (*canta, faz, ajuda*), de forma idêntica ao *ele(a)*, refere-se à segunda pessoa, ou seja, àquele(a) com quem falamos.

Um sistema nunca poderia ser dinâmico se não fosse aberto. Em outros termos, a abertura do sistema diz respeito ao fato de ele poder incorporar novas opções e características em resposta às novas demandas comunicativas. Tal processo é mais visível em termos lexicais, com incorporação de novo vocabulário — podemos pensar no campo tecnológico como exemplo —, mas também pode ser depreendido de processos metonímicos e metafóricos que dão origem a novas construções, muitas vezes, carregadas de atitude avaliativa. Um exemplo é o do termo *coxinha*, praticamente disseminado pelo país, para se referir a atores sociais que se identificam com a agenda e o discurso conservadores, mais ligados ao que se denomina politicamente de *direita*. Uma das origens possíveis da expressão é uma dupla extensão metonímica: inicialmente, o termo se referia a *policiais* pelo fato de ser um alimento prototipicamente consumido por esse grupo nos bares, padarias e lanchonetes (*metonímia 1*); posteriormente, o traço de *conservadorismo*, atribuído por dados grupos sociais à polícia, é decalcado, e o termo passa a ser aplicado a qualquer ator social cujo comportamento verbal ou não verbal remeta ao *conservadorismo* (*metonímia* 2)[4].

A língua é também recurso, na medida em que a mobilizamos para duas principais atividades:

(a) A construção ativa de nossa experiência (*reflexão*), o que está relacionado especialmente com a dimensão de classificação inerente à linguagem. Pelos recursos linguísticos, fazemos recortes da realidade, atribuímos determinados valores a esses recortes, delimitamos fronteiras mais ou menos fluidas entre o que pertence ou não a tal categoria e entramos em conflito por

[4] Trata-se de uma origem possível. Para atestar tal hipótese, devemos realizar um estudo específico a esse respeito. É interessante destacar, contudo, que tem havido uma tentativa de reabilitação do termo pelo grupo-alvo da crítica, buscando, assim, assumir tal posicionamento como alternativa identitária válida. Algo semelhante já vem sendo realizado há anos pelo movimento negro, cujos integrantes, em muitas ocasiões, se denominam *pretos*.

conta desses aspectos. Um caso importante na história recente do Brasil tem sido a discussão da noção de *família*. Nessa disputa, discursos religiosos chocam-se com discursos de resistência protagonizados pelos movimentos LGBTQI+ e feministas, com discursos jurídicos e com discursos biológicos, que definem de formas diferentes o que seria uma *família*, atribuem-lhe diferentes valores e, às vezes, o mesmo valor, mas com diferentes interpretações de como alcançá-lo.

(b) A construção de relações sociais e de papéis interacionais (*ação*), o que se relaciona, especialmente, às formas pelas quais negociamos a significação, ora marcando poder em relação ao outro, como em uma ordem direta; ora solidariedade, buscando colocar-nos em posição de amigo ou confidente do leitor, como ocorre em revistas femininas adolescentes; muitas vezes, optamos por — ou somos pressionados a — diminuir o comprometimento diante do que dizemos, iniciando uma correção com a expressão *eu acho que*, de forma a aparentar sermos menos autoritários ou impositivos e, assim, tentar ganhar a adesão do outro.

Nessa perspectiva, a língua como estrutura é uma rede de recursos que podemos mobilizar para categorizar e para negociar sentido. Entretanto, isso não quer dizer que essa escolha seja radicalmente livre. Nos diversos eventos sociais nos quais nos engajamos — sejam eles encontros com amigos no restaurante, no bar ou na balada, sejam eles reuniões de condomínio ou no trabalho, ou ainda palestras em congressos —, existem expectativas que gerenciam nossos modos de dizer, modelos plásticos — nunca engessados — que guiam nossas ações, sem terem a capacidade de predizer cada uma de nossas formulações, cada palavra utilizada, cada ordenação sintática. Estamos sempre em um cruzamento entre a *coerção*, ou seja, os padrões que nos orientam, restringindo e facilitando nossa ação, e a *agência*, nosso potencial de mudança, de significar a nosso modo, o que pode apenas confirmar as expectativas e as estruturas ou, de alguma forma, combatê-las.

Textos, por sua vez, emergem dos eventos sociais e são ocorrências únicas, na medida em que as mesmas condições de produção e interpretação nunca ocorrerão novamente — a cada interação, são diferentes o contexto físico, social, os ouvintes possíveis, nosso estado emocional e, principalmente, nosso conhecimento sobre a realidade e sobre quem nos ouve/lê, de forma que cada ato de produção e cada ato de interpretação textual terão sempre bases diferenciadas. Provavelmente, um texto X, lido pelo ator social Y em dois momentos distintos de sua vida, não será interpretado da mesma forma, provocando, assim, associações diversas que podem, inclusive, levar a diferentes ações concretas[5].

O que medeia essa complexa relação entre o micro (texto e evento social) e o macro (língua e estrutura social) é justamente o nível das práticas, que, no plano discursivo, corresponde às *ordens do discurso*[6], responsáveis pela "organização social e pelo controle da variação linguística" (Fairclough, 2003: 24). Seu material não são elementos linguísticos propriamente ditos, como orações, substantivos, verbos etc. Elas são formadas por padrões de recursos multimodais (linguísticos e não linguísticos), expectativas sociossemióticas que guiam o que deve ser escolhido e em qual combinação, tanto em termos de identidades, quanto de ações e de representações. Em outros termos, ordens do discurso são formadas por modos sociossemióticos de agir (gêneros), de representar (discursos)[7] e de ser (estilos).

Gêneros discursivos consistem nas diversas macroatividades que podemos realizar por meio da linguagem. Eles estão sempre associados a uma esfera de atividade humana (Voloshinov, 2015), como a publicidade, a educação, o jornalismo, a religião, e apresentam estruturas mais ou menos típicas. Alguns são mais rígidos, como receitas e procurações; outros são mais flexíveis, como editoriais

---

5 Nesse sentido, deixamos para o leitor deste capítulo o questionamento: em que medida poderíamos falar que se trata, de fato, do mesmo texto e do mesmo ator social?

6 A noção de ordem do discurso (OD) é debatida, detalhadamente, no capítulo 3: "Conceitos-chave em análise de discurso crítica".

7 Não podemos confundir dois usos distintos do termo *discurso*. Um deles, que temos usado até agora, se refere à prática de produção-distribuição-consumo-interpretação textual, à atividade sociossemiótica humana que é um momento da prática social, responsável pela geração de sentido. O outro uso, que surge agora, refere-se a padrões de representar e recortar a realidade, como o discurso machista, o discurso neoliberal ou o discurso evangélico.

e aulas. Entretanto, são atividades discursivas cujas funções são socialmente reconhecidas e regulam o comportamento verbal dos diversos atores sociais tanto em termos de suas demandas em relação às instituições quanto em termos dos interesses dessas mesmas instituições. Nesse sentido, o controle da forma do gênero discursivo e de quem pode produzi-lo e consumi-lo consiste em uma questão de poder.

Discursos consistem em modos de representar a realidade a partir de determinada perspectiva. Fairclough (2003: 124, tradução nossa) esclarece bem a questão:

> Diferentes discursos são diferentes perspectivas sobre o mundo e estão associados às distintas relações que as pessoas assumem com o mundo, o que, por sua vez, depende de suas posições no mundo, de suas identidades sociais e pessoais e das relações sociais que elas instauram com os outros. Discursos não só representam o mundo como ele é (ou melhor, como ele é visto); eles são também projetivos, imaginários, representando mundos possíveis que são diferentes do mundo real e que estão ligados a projetos para mudar o mundo em determinadas direções.

Por fim, estilos dizem respeito aos modos/padrões de ser e de aparentar, ou seja, às expectativas sobre o que será produzido, verbal e não verbalmente, a partir da relação do ator social com o(s) grupo(s) do(s) qual(is) ele faz parte. Nesse sentido, esperamos que professores falem diferente de alunos em contextos de aula, que grupos homossexuais tenham um vocabulário distinto de grupos heterossexuais, que integrantes do movimento negro evitem e/ou rechacem determinadas metáforas convencionalizadas, como *negro de alma branca*, ou expressões raciais pejorativas (muitas vezes, usadas para referentes genéricos), como *neguinho*, e atualizem outras em substituição, marcando seu lugar social e seu papel como agentes de resistência.

O que devemos deixar claro, entretanto, é que os três elementos componentes das ordens do discurso — discursos, gêneros e estilos

— não são totalmente discretos, o que equivale a dizer que eles não são plenamente separáveis e que, portanto, possuem pontos de contato. Fairclough (2003) vai além e afirma que discursos podem ser engendrados em gêneros e inculcados em estilos. Tal inter-relação requisita exemplificação.

Um discurso educacional que valoriza a construção do conhecimento pelo aluno provavelmente envolverá a prática de aulas interativas, com pesquisas, em que o papel do professor como transmissor de conhecimento será substituído pelo docente como guia ou como orientador dos alunos na formulação de um saber — o que resultará em um subgênero específico de aula — e padrões linguísticos que atualizarão formas mais solidárias e menos hierárquicas no tratamento do conjunto de alunos e, provavelmente, formas mais diretas de referência ao professor, sem titulações, por exemplo, revelando um estilo diferenciado.

Um dos grandes objetivos do analista de discurso crítico é captar a "invisibilidade" das ordens do discurso, ou seja, as coerções acionais, representacionais e identitárias que orientam a prática discursiva como um todo. Tal tarefa requisita que analisemos múltiplos textos e que compreendamos não só a prática social (e os elos relevantes da rede) que estudamos, mas também a estrutura social englobante. Em outros termos, precisamos de uma abordagem multi- ou interdisciplinar que alie descrição (dimensão textual), explicação (dimensão social, histórica, política, econômica, antropológica) e interpretação (dimensão da prática discursiva).

5. Práticas sociais e discurso: características emergentes na contemporaneidade

Nesta seção, refletiremos sobre a configuração das práticas sociais contemporâneas no mundo ocidental, capitalista, globalizado, focando especialmente a dimensão discursiva. Começaremos tratando da reconfiguração das tradições e posteriormente abarcaremos a questão da tecnologização e da conversacionalização do discurso.

5.1. Sobre a reconfiguração das tradições[8]

A contemporaneidade ocidental é marcada, de modo geral, pela emergência de um conjunto de práticas complexas que articulam, de modo único na história, redes de relações sociais, de atividades materiais e discursivas, de crenças, desejos e valores — em outros termos, práticas sociais e discursivas — que se encontram desencaixadas do imperativo da interação face a face e das coerções do distanciamento espaçotemporal, em especial, do domínio da imediatez e da regionalidade.

Talvez um dos fatores mais importantes nessa dinâmica seja o enfraquecimento do papel das tradições como mecanismo de regulação da vida social. Segundo Thompson (2002), as tradições são caracterizadas por quatro aspectos: o *hermenêutico*, o *normativo*, o *legitimador* e o *identificador*.

O aspecto *hermenêutico* da tradição relaciona-se ao conjunto de pressupostos de fundo, ou seja, às crenças, valores e julgamentos aceitos pelo indivíduo ao conduzir sua vida cotidiana, transmitidos de geração em geração. Está, portanto, intimamente ligado ao domínio das *representações*.

O aspecto *normativo* refere-se às pressuposições, crenças e padrões de conduta originários do passado que norteiam as ações e as crenças presentes. Nas sociedades tradicionais, as práticas tornam-se rotineiras e são justificadas por referência à tradição em si, prescindindo de reflexão, o que leva à naturalização. Tal componente está diretamente relacionado à questão *acional*.

O aspecto *legitimador* relaciona-se ao exercício do poder e da autoridade. Desse modo, a obediência ao guardião da tradição é mantida devido a seu caráter sagrado, uma vez que ele se constitui como detentor da sabedoria e da verdade.

Por fim, o aspecto *identificador* concerne à capacidade de a tradição fornecer material simbólico para a construção da identidade

---

[8] Esta seção sintetiza teoricamente o capítulo 1 de nossa tese (Gonçalves-Segundo, 2011) e a expande em termos de exemplos.

individual e da identidade coletiva, entendida como a visão que o indivíduo possui de si mesmo como membro de um grupo social.

O que ocorre atualmente, no entanto, é que as transformações sociais iniciadas na formação do Estado moderno e recentemente intensificadas pelo processo de globalização — acentuado pelo desenvolvimento dos meios de comunicação e pelas tecnologias de transporte, que mitigam as restrições espaçotemporais[9] — têm levado a um enfraquecimento dos aspectos *normativo* e *legitimador* da tradição, dado que se questiona a verdade formular — que naturaliza a realidade — e, consequentemente, a rotinização das práticas e as autoridades a ela associadas. Assim, a tradição vê-se convocada a justificar-se discursivamente, e o diálogo ou o fundamentalismo consistem em suas formas preferenciais de defesa.

O questionamento dos aspectos *legitimador* e *normativo* da tradição decorre, principalmente, da penetração do discurso científico na vida cotidiana, processo que ocorre tanto pela expansão do sistema educacional quanto pela consolidação e expansão das mídias, como a TV, a internet, a imprensa ou o rádio. Desse modo, somos expostos a uma rede de conhecimentos e de técnicas — que passa pelo crivo da avaliação e do ceticismo dos especialistas, autoridades em campos de saber — que habilita o questionamento das verdades tradicionais.

Giddens (1997) destaca que a tradição só existe na medida em que se separa e se distingue de outras tradições, dos modos de vida diferenciados que podem transformá-la ou levá-la à extinção, ao passo que a especialização tecnocientífica, por seu caráter universalizador, tem na discórdia e na crítica o seu motor de progresso e empreendimento. Em outros termos, o ceticismo torna-se, ao mesmo

---

[9] É importante ressaltar que as tecnologias de comunicação e de transporte são fundamentais para a sustentação das formas de globalização, tendo em vista que as primeiras permitem romper as fronteiras espaciais — criando formas de comunicação e interação à distância, tanto em termos síncronos, por aplicativos e *softwares* como o WhatsApp, o Skype, entre outros, quanto assíncronos, por *e-mails* — e as segundas relativizam as restrições temporais, uma vez que aceleram o transporte de pessoas e de bens através do espaço.

tempo, traço positivo e fundamental da ciência e traço negativo da tradição, posto que a autoridade tradicional, de caráter sagrado, não admite para si uma postura cética do indivíduo.

Por conseguinte, o desenvolvimento tecnocientífico contribui para o declínio da autoridade tradicional, já que nos possibilita maior compreensão dos mecanismos que regem a natureza, o indivíduo e a sociedade, libertando-nos da opressão advinda da obediência a uma única fonte de autoridade. Por outro lado, o caráter renovador da ciência, em constante processo de revisão de paradigmas e descobertas, acaba ocasionando certa insegurança ontológica ou uma crise de facticidade[10], visto que as 'verdades' científicas não são constantes.

É desse espaço que emerge a realidade do *fundamentalismo*, que pode ser entendido como uma prática de rejeição da validade de estilos de vida alternativos, manifestada pelo recrudescimento de um discurso polarizante, em que o *nós* é detentor da verdade e o *eles* é merecedor de exclusão. O *fundamentalismo* é eminentemente avaliativo, resultado da transformação da *ideologia* em *verdade formular*, o que está ligado, por um lado, à tentativa de *retradicionalizar* dadas práticas e *isolá-las* de outras que poderiam proporcionar, aos membros de um dado grupo, material simbólico para *contradizer* seus aspectos constitutivos.

Isso ocorre, por exemplo, no contexto sociopolítico brasileiro atual. Determinados grupos *fundamentalizam* suas crenças religiosas, que não admitem determinadas práticas, como as relações homoeróticas ou os procedimentos de interrupção de gravidez. Em consequência disso, avaliam negativamente tanto as práticas quanto os praticantes e buscam excluir tais atores sociais de direitos que lhes seriam inerentes em uma democracia. De modo análogo, tendem a barrar projetos e iniciativas em que tais práticas se tornem

---

[10] Giddens (2009: 58) defende que a segurança ontológica envolve "*autonomia do controle corporal* no âmbito de *rotinas previsíveis*", o que viabiliza que o ator social projete uma configuração identitária coesa. Turner (1999) assinala que um dos eixos motivacionais centrais da ação humana é a busca de facticidade, ou seja, de garantir a ordem prevista do mundo segundo a ótica daquele ator social, posicionado em uma rede de práticas específicas.

visíveis, condenando quem as expõe, alegando valores morais que se baseiam em autoridades invioláveis, como livros sagrados ou a divindade. Fatos razoavelmente recentes foram a condenação do beijo protagonizado por duas personagens homoafetivas, representadas pelas atrizes Fernanda Montenegro e Nathalia Timberg na novela *Babilônia*, em cena produzida pela Rede Globo de Comunicações e exibida em 16 de março de 2015, e o impedimento da divulgação do material sobre homossexualidade e homofobia nas escolas[11].

Além desses aspectos ligados ao cientificismo, ao fundamentalismo e à destradicionalização, devemos destacar o papel do desenvolvimento midiático na constituição das práticas sociais e discursivas contemporâneas. Ao expandir o processo de difusão de informações e de circulação de ideias, a mídia altera a natureza da tradição, já que a dota de meios de fixação, despersonalizando-a e acentuando seu processo de desenraizamento, ou seja, de seu deslocamento da comunidade de origem para grupos externos. Em consequência disso, possibilita a criação de agrupamentos identitários virtuais, livres das fronteiras espaciais, que podem adotar — total ou fragmentariamente, em um *continuum* — estilos de vida diferentes daqueles com que convivem na vida cotidiana, o que lhes proporciona a possibilidade de transformar, manter, recriar e/ou abandonar os padrões de comportamento locais, mediante seu processo reflexivo.

5.2. Sobre a tecnologização e a conversacionalização do discurso

A tecnologização e a conversacionalização do discurso são apontados por Fairclough (1997) como processos contemporâneos instalados na sociedade ocidental, capitalista, global e democrática como uma resposta a novas demandas e necessidades interacionais

---

11 Embora seja comum abordar o *fundamentalismo religioso*, devemos assinalar que fundamentalismos podem ocorrer em qualquer esfera — na política, na cultural, no futebol e até mesmo na ciência. Trata-se de algo a se refletir, especialmente no contexto das eleições presidenciais de 2014, do impedimento da ex-presidenta Dilma Rousseff em 2016 e das manifestações em distintas capitais brasileiras. Estamos presenciando um processo de fundamentalização de discursos à esquerda e à direita no país.

associadas, especialmente, aos eixos de poder e solidariedade nas relações sociais.

A conversacionalização diz respeito a uma tendência, verificada nas diversas práticas discursivas institucionais, à mobilização cada vez maior de recursos linguísticos típicos da conversação cotidiana, enfatizando informalidade, maior envolvimento emocional, empatia, uso de vocabulário mais próximo ao do consumidor ou do cidadão, evitando, assim, que a interação entre as instâncias envolvidas na prática seja mediada por panfletos, estatutos, papéis, documentos, de forma a parecer menos hierárquica, menos tingida de poder, mais solidária e íntima.

Isso pode ser observado em uma multiplicidade de práticas e tem sido objeto de reflexões em diversos campos. Fairclough (1997) cita o exemplo da medicina, em que o distanciamento médico-paciente, calcado na autoridade do "doutor" em face do leigo, tem cedido espaço para uma relação mais próxima, em que o médico demonstra empatia, procura saber dos hábitos da pessoa, evitando concebê-la apenas como um organismo com um conjunto de sintomas a serem investigados por um exame, cujo resultado será um tratamento genérico[12]. Dessa maneira, o médico consegue aconselhar e orientar melhor o paciente em relação a atitudes práticas na vida cotidiana que podem causar patologias diversas.

Gomes (2003) aponta que tal estratégia consiste em uma aparente democratização do discurso institucional. Concordamos com a autora, na medida em que a conversacionalização pode apenas constituir uma estratégia de solidarização efetuada pelos membros mais poderosos em uma prática discursiva com o objetivo de facilitar mecanismos de consenso e de aceitação, por um lado, e de fidelização de consumo, por outro.

[12] Devemos dizer, contudo, que essa estrutura ainda existe e não parece ser rara. O que observamos, entretanto, é que a tendência à conversacionalização vem se acentuando. É claro que existem coerções materiais, advindas da prática social, que podem interferir nesse processo. Como tratar como indivíduos pacientes que precisam ser atendidos em cerca de cinco minutos, porque não há médicos em número suficiente nem estrutura para dar conta de centenas de atendimentos por dia? Nesse sentido, é bem possível que a conversacionalização na esfera médica no Brasil, por exemplo, esteja mais vinculada a grupos de elite que têm acesso a médicos via convênio ou consultas particulares.

Um exemplo claro deste último aspecto consiste nas típicas relações que ocorrem no Brasil entre clientes e vendedores em *shopping-centers*. A conversacionalização consiste em uma estratégia ligada, em nossa cultura, a uma avaliação de *bom atendimento*, na aparente ilusão de que cada consumidor tem um tratamento individualizado, exclusivo e especial. Isso é especialmente visível no campo do comércio elitizado de roupas, em que as instâncias de compra e de venda se envolvem em atos de simulação de cumplicidade e intimidade. Temos presenciado até a emergência de grupos de WhatsApp que integram os vendedores e os gerentes de lojas, por um lado, e os clientes considerados preferenciais, por outro, criando uma espécie de comunidade virtual que partilha certa intimidade à distância (Thompson, 2002).

A conversacionalização como nicho de mercado consiste em aspecto fundamental do tipo de interação promovido por revistas voltadas ao público adolescente feminino, em que os textos informativos e opinativos são marcados pela apropriação do discurso dessas adolescentes, valendo-se de seu registro — o que inclui vocabulário, marcadores conversacionais (*né?*, *então*, *tipo*, *tá?*, *sabe?*), estruturação sintática tipicamente oral etc. — como forma de gerar identificação e envolvimento. Nesse sentido, tais mídias buscam não apenas democratizar a informação ou facilitar o consumo, mas especialmente fidelizar o consumidor, a quem se deseja, implicitamente, convencer de que o veículo, os(as) jornalistas e colunistas são amigos e cúmplices com experiência para solucionar os problemas que emergem nessa faixa etária[13].

A tecnologização do discurso, por sua vez, consiste em

> [...] um processo de intervenção na esfera das práticas discursivas, que visa construir uma nova hegemonia na ordem de discurso da instituição ou organização à qual se aplica, inscrevendo-se numa luta mais generalizada para impor hegemonias reestruturadas às práticas e culturas institucionais (Fairclough, 1997: 89).

---

[13] Para um estudo detalhado sobre recursos de envolvimento e de empatia em revistas, consultar Gonçalves-Segundo; Ribeiro (2016).

Na prática, o processo envolve a formação de profissionais aptos a interagir da maneira mais eficaz de acordo com os objetivos das organizações envolvidas, melhorando a imagem institucional ou o relacionamento com os clientes. Isso envolve, em primeiro lugar, o surgimento de peritos ou técnicos especializados em adaptar as formas de produção discursiva. Em geral, trata-se de psicólogos, linguistas, sociólogos e comunicólogos que transpõem o conhecimento técnico para a aplicação prática, criando fórmulas descontextualizadas de textualização que visam a uma padronização do comportamento discursivo. Um exemplo prático disso é o treinamento pelo qual os operadores de *telemarketing* passam, memorizando passos e procedimentos de interação que supostamente tornariam o atendimento mais eficaz.

A própria tendência à conversacionalização do discurso pode ser entendida como consequência da tecnologização, ou seja, como uma estratégia pensada por peritos, em face das demandas atuais nas diversas esferas de atividade humana, no sentido de maximizar a eficiência. Nesse sentido, é fácil notarmos como ambas as tendências se originam da integração de modos de representar e agir socialmente derivados do discurso capitalista, orientado ao consumo e à maximização do lucro.

6. Considerações finais

Neste capítulo, apresentamos os principais aspectos teóricos que embasam a relação entre discurso e prática social na perspectiva crítico-discursiva de Norman Fairclough (1997, 2003, 2010) e de Chouliaraki e Fairclough (1999).

Apresentamos, inicialmente, o modelo tridimensional de discurso e tratamos das dimensões do texto, da prática discursiva e da prática social, além das noções de manifestação, processamento e encaixamento.

Posteriormente, discutimos, em detalhes, o conceito de prática e seus elementos constitutivos, destacando que eles consistem em formas de produção de vida social, articuladas entre si por meio de redes e dotadas de uma dimensão reflexiva intrínseca.

Na sequência, tratamos do funcionamento das ordens do discurso, descrevendo, sucintamente, seus componentes: os discursos, os gêneros e os estilos.

Por fim, abordamos três processos vigentes na contemporaneidade, diretamente ligados à relação entre discurso e prática social: a reconfiguração (ou nova ancoragem) da tradição, por um lado, e a conversacionalização e a tecnologização do discurso, por outro.

CAPÍTULO 5

Teoria social do discurso e evolução da análise de discurso crítica

Luciane Cristina Eneas Lira
Regysane Botelho Cutrim Alves

O interesse pelos estudos linguísticos nas ciências sociais é moderno e advém da compreensão de que a linguagem constitui a vida social, não apenas como reflexão sobre as escolhas humanas, mas, sobretudo, como promotora das ações sociais. A despeito das articulações teóricas sobre linguagem e sociedade, muitas lacunas ainda não haviam sido preenchidas pelos cientistas sociais modernos que se propuseram a considerar o fenômeno linguístico em seus estudos. Nesse contexto, a análise de discurso crítica propõe uma abordagem teórica, ao mesmo tempo social e textualmente orientada.

Para tratar da teoria social do discurso, este capítulo organiza-se em duas partes. Na primeira, serão tratadas as dimensões do discurso e a prerrogativa discursiva da mudança social. Em seguida, serão abordados os desafios da agenda em ADC e seus avanços, com especial foco na perspectiva interdisciplinar da teoria e na pesquisa etnográfica, destacando também as críticas que impulsionam a proposta para novos caminhos e desdobramentos.

1. Teoria social do discurso

As pesquisas sociais passaram a demonstrar especial atenção pela linguagem a partir da modernidade. Esse interesse adveio da compreensão de que a linguagem possui importante relação com a vida social. Questões relacionadas a gênero, identidade, ideologia e poder, entre outras, passaram a ser fortemente relacionadas à linguagem, ao discurso e a outras semioses[1]. No entanto, ao atribuírem papel central à linguagem nos sistemas sociais, as pesquisas sociais não teorizaram especificamente sobre seu poder ou sua operacionalização na realidade (Fairclough, 2010).

Nesse contexto de interesse social pela linguagem, Fairclough (2001, 2003 e 2010) propõe que a análise de discurso contribua para o desenvolvimento de uma teoria social da linguagem que seja

---

1 As semioses são elementos do processo social dialeticamente conectados a outros. Contemplam diversas modalidades semióticas (imagens, sons e cores, por exemplo).

transdisciplinar. A abordagem transdisciplinar[2] opera para além do acréscimo de conceitos e categorias de diversas teorias ou disciplinas, mas consiste na elaboração de um aparato teórico-metodológico gerado a partir dos diversos olhares investigativos voltados para uma perspectiva de interesse particular.

A abordagem social proposta por Fairclough (2001: 90) focaliza a linguagem, mais especificamente, o discurso. Nesse panorama, o discurso[3] é considerado o "uso da linguagem" como prática social, para além das atividades individuais ou do resultado das variáveis de situação. A linguagem é, desse modo, parte irredutível da vida social. O discurso, por sua vez, é tido, no sentido mais amplo, como elemento de produção de significado no processo social; como linguagem associada a determinado campo ou prática (como o discurso publicitário e o discurso educacional, por exemplo) e como modo de construção de aspectos do mundo, associado a uma perspectiva social particular (o discurso tradicional de constituição da família, por exemplo) (Fairclough, 2009).

A abordagem social do discurso transcende a análise textual por si ou a análise de aspectos da vida social isolada de questões linguísticas. Dessa forma, o termo "discurso" opera em uma perspectiva de linguagem em ação, sendo um elemento da vida social fortemente articulado a outros elementos. A análise de discurso crítica constitui, nessa perspectiva, importante recurso para a análise do processo social, por meio da análise textual.

Fairclough (2001) propõe uma concepção tridimensional do discurso[4], que compreende as seguintes extensões de análise: texto, prática discursiva e prática social. A dimensão de análise textual é indicada como "descrição" e as dimensões de análise de prática discursiva e de prática social, "interpretação". Observe:

---

2 Ver capítulo 3: "Conceitos-chave em análise de discurso crítica".

3 Para saber mais sobre o discurso, consulte capítulo 3: "Conceitos-chave em análise de discurso crítica".

4 Sobre a concepção tridimensional do discurso, consulte o capítulo 3: "Conceitos-chave em análise de discurso crítica" e o capítulo 4: "Discurso e prática social".

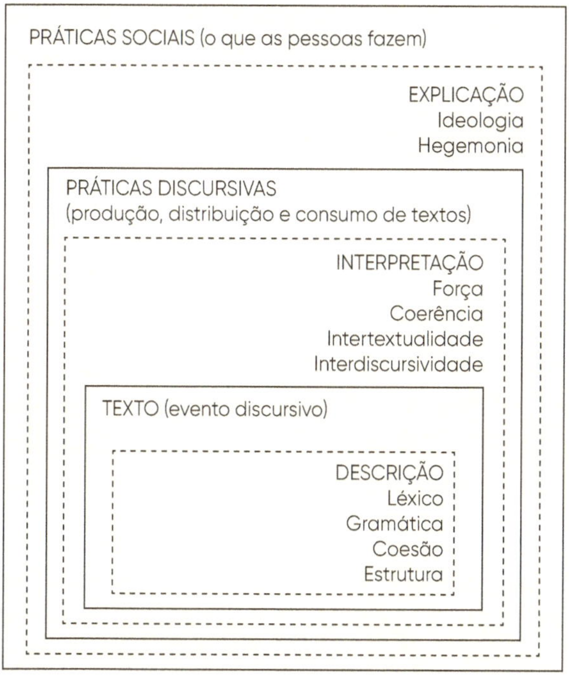

Figura 1: Concepção tridimensional do discurso. Fonte: Meurer (2005: 95).

A figura acima apresenta uma adaptação proposta por Meurer (2005: 95), na qual se inclui a noção de "explicação" à dimensão da prática social[5] e, conforme Lustosa (2013: 47), se esboça "de uma maneira didática, o modelo tridimensional de discurso", destacando tópicos de análise. As dimensões das práticas sociais e discursivas serão abordadas em seguida.

2. Prática social

É necessário, para entender o processo social, concebê-lo na interação mútua de três elementos: estruturas sociais, práticas e eventos. Nessa conjuntura, as estruturas sociais são entidades mais amplas ou abstratas; as práticas sociais são as entidades organizacionais que fazem mediação entre estruturas sociais e eventos. As línguas como estruturas sociais constituem possibilidades, selecionadas

[5] Ver o capítulo 4: "Discurso e prática social".

por uma rede de práticas sociais no aspecto linguístico, ou ordens de discurso, e se concretizam em textos. Assim, as práticas sociais articulam o discurso como linguagem, juntamente com outros elementos não discursivos.

As práticas podem ser concebidas como conexões de elementos sociais articulados com certas áreas da vida social, podendo ligar o discurso a outros elementos sociais não discursivos. A prática de ensino em sala de aula, por exemplo, articula usos particulares da linguagem entre alunos e professor, concebidos na interação na classe escolar, assim como a prática publicitária irá eleger usos linguísticos específicos ao público a que se destina, localizando-se, por exemplo, nos intervalos da programação televisiva de interesse de sua audiência.

Os eventos discursivos podem variar em sua determinação estrutural de acordo com o âmbito social em que são gerados (Fairclough, 2001; 2003). Fairclough (2003) destaca que os textos são parte dos eventos sociais, que podem ter ou não caráter totalmente textual. Um pronunciamento político, por exemplo, tende a ser mais textual que um desenho animado, pois este é essencialmente constituído por representações não linguísticas.

Para o estudo do texto, é preciso levar em conta a interação de três elementos distintos: a produção, o texto e a recepção. Os textos possuem efeitos causais, dentre os quais os mais acentuados são os efeitos ideológicos, ou seja, as ações dos textos de provocar, amparar ou mesmo de transformar ideologias. A análise textual é essencialmente seletiva, o que sugere que não existe abordagem absolutamente objetiva, embora seja possível experimentarmos um afastamento das vivências pessoais em relação aos eventos sociais e textos analisados. É importante ressaltar que a análise textual é limitada, pois, apesar de ser um interessante recurso para a pesquisa social, não deve ser usada em substituição a outras práticas de pesquisa social e análise. Nesse sentido, as práticas sociais e discursivas devem ser contempladas na pesquisa social voltada para o discurso (Fairclough, 2003).

O discurso é uma prática social, na medida em que a linguagem supõe que a compreensão de seu uso seja um modo de ação historicamente situado e socialmente constituído. A prática social contempla diversas dimensões, tais como orientação econômica, política, cultural e ideológica, nas quais o discurso pode estar imbricado. A dimensão da prática social considera as noções de ideologia e hegemonia[6].

Fairclough (2001: 117) ressalta: "As ideologias nas práticas discursivas são mais eficazes quando se tornam naturalizadas e atingem o *status* de 'senso comum'". As ideologias, no entanto, não são tidas como imposições unilaterais ou de reprodução de uma ideologia universal ou dominante. Ao contrário, por seu caráter transformacional, a análise de discurso crítica aponta para a luta ideológica como dimensão da prática discursiva.

Desse modo, conforme destaca Ramalho (2010), ao desnaturalizar de forma consciente o senso comum, há a possibilidade de nulificar ou coibir seu funcionamento ideológico. As **ideologias**, na perspectiva adotada pela ADC, são representações de elementos da realidade, concebidas em diversas dimensões e formas nas práticas discursivas e que podem contribuir para instaurar, sustentar ou transformar relações sociais de poder, dominação e exploração.

A **hegemonia** é um conceito resgatado de Gramsci (1971) e trata da tentativa de universalização do particular, com o objetivo de atingir e manter o poder, "é a liderança, tanto quanto dominação nos domínios econômico, político, cultural e ideológico de uma sociedade" (Fairclough, 2001: 122). Para além da dominação de classes, a hegemonia refere-se a alianças e a integrações, experimentadas através de concessões, sendo estabelecida, portanto, muito mais por consenso que por coerção.

No entanto, Fairclough (2001; 2010) ressalta que a hegemonia é foco de instabilidades que favorecem a luta pelo domínio, contribuindo, em vários níveis, para a manutenção ou a transformação de relações sociais assimétricas e da ordem de discurso existente. Nesse contexto, Fairclough (2001: 67) utiliza o termo foucaultiano "ordem de discurso"[7] para fazer referência à "totalidade de práticas

---

6 Sobre as noções de ideologia e hegemonia, consultar capítulo 3: "Conceitos-chave em análise de discurso crítica".

7 Ver capítulo 3: "Conceitos-chave em análise de discurso crítica"

discursivas dentro de uma instituição ou sociedade, e [a]o relacionamento entre elas".

3. Prática discursiva

A prática discursiva[8], de acordo com Fairclough (2001), contribui não apenas para reproduzir a sociedade, em suas identidades e relações sociais, e sistemas de conhecimento e crença, como também, possibilita sua transformação. As práticas discursivas estão imbuídas nas práticas sociais e envolvem processos de produção, distribuição e consumo dos textos. Assim, textos são elaborados em contextos específicos e englobam modos de produção, distribuição e consumo diversificados.

Por exemplo, textos publicitários são produzidos por meio de dinâmicas e rotinas diversas que contemplam a atuação coletiva de diversos grupos, tais como os departamentos de atendimento e planejamento, de criação e de mídia de uma agência publicitária. Esses setores são responsáveis por levantar os interesses dos clientes, elaborar e executar o planejamento de mídia. Precedem a publicação de uma campanha publicitária: definição de objetivos, pesquisas formais e informais de mercado, criação e planejamento a partir de *briefing*[9], aprovação de plano de mídia, produção das peças publicitárias, aquisição de mídia, veiculação dos anúncios e aferição dos resultados (Sampaio, 2004; 2013).

O caso da produção de texto publicitário ilustra também a complexidade que envolve o conceito de "produtor textual". Nesse caso, não se pode falar de produção individual, uma vez que muitas vozes e olhares conduzem o processo de produção, tais como clientes, produtores, publicitários, criativos[10] e públicos. Do mesmo modo, os processos de consumo e distribuição dos textos são diversificados. Os textos podem ser consumidos diferentemente, a depender do

---

8 Ver o capítulo 3: "Conceitos-chave em análise de discurso crítica" e o capítulo 4: "Discurso e prática social".

9 *Briefing* é o documento preparado pelo departamento de atendimento, que contém a essência do problema e o pedido da criação.

10 Profissionais da publicidade que trabalham no setor de criação.

contexto. O gênero discursivo[11] determina uma disposição de interpretação específica. Um anúncio publicitário não será interpretado da mesma maneira que uma receita médica, por exemplo. Textos também podem ser consumidos individual ou coletivamente, como as cartas de amor e as leis, respectivamente.

Fairclough (2001) ressalta ainda a importância dos aspectos cognitivos associados à produção e à interpretação nas práticas discursivas. As dimensões sociocognitivas, inconscientes e, por vezes, automáticas, direcionam a inter-relação entre os participantes do discurso e o processamento do texto, oferecendo um conjunto de pistas que possibilitam os processos de interpretação. A **força** de um texto, por exemplo, é uma dimensão relacionada à ação que um texto realiza, em oposição a seu conteúdo proposicional. Uma pergunta em um anúncio publicitário, por exemplo, pode corresponder a um apelo de compra.

Nesse aspecto, o contexto é um elemento com influência sobre a interpretação do texto, pois oferece mapas mentais com informações das realidades sociais, no sentido mais amplo: interpretações de ordem política e ideologicamente investidas, assim como informações relacionadas a eventos específicos, como o contexto de situação, que fornece informações enfatizadoras de elementos e discursos relevantes nas circunstâncias particulares. Outra dimensão destacada pelo autor para o processo de interpretação é a **coerência**, relativa às conexões e inferências necessárias para a condução de uma leitura coerente ou dotada de sentido. Tais conexões são possíveis pelos princípios interpretativos associados de maneira naturalizada aos diversos tipos de discurso.

Por fim, uma dimensão de análise ressaltada nos processos de interpretação textual é a **intertextualidade**. Para Reisigl e Wodak (2009: 90), a intertextualidade corresponde à articulação dos textos entre si e pode ocorrer das seguintes formas: pela referência explícita a tópico ou ator principal; por meio de referências a mesmos eventos; por alusões e evocações; pela transferência de argumentos

---

[11] O gênero discursivo é caracterizado como o uso convencional da linguagem, mais ou menos sistemático e fixo, associado a uma atividade particular (Wodak, 2008). Mais sobre "gênero discursivo", ver capítulo 5: "Teoria social do discurso e evolução da análise de discurso crítica".

de um texto a outro; e assim por diante. Fairclough (2003) considera que a intertextualidade corresponde também à combinação de uma voz em um enunciado a outras vozes que lhe são articuladas, acentuando a dialogicidade do texto.

A intertextualidade também constitui dimensão textual que possibilita a interdiscursividade (Fairclough, 2010). A intertextualidade corresponde à constituição de um texto a partir de diversos discursos e gêneros discursivos. Para Reisigl e Wodak (2009), os discursos tendem a ser híbridos, de modo que um discurso sobre determinado tema pode se iniciar em um tópico e ampliar-se a outros, espalhando-se por diferentes campos e sobrepondo-se a outros discursos.

Fairclough (2001) destaca: a intertextualidade contribui para a compreensão das práticas discursivas, no que tange à produção, distribuição e consumo. Quanto à produção, a intertextualidade evidencia a historicidade dos textos, a forma como articula o presente com o passado. No que condiz à distribuição, a perspectiva intertextual explora as redes pelas quais os textos se movimentam e sofrem transformações, como ocorre, por exemplo, quando uma notícia é transformada em "meme"[12] nas redes sociais. Em relação ao consumo, a intertextualidade permite compreender que, para além dos textos relacionados na produção, são igualmente importantes os textos que os intérpretes trazem para o processo de leitura.

4. Mudança discursiva

A teoria social do discurso incorporou as percepções de Foucault (2008 [1969]) a respeito da natureza social do discurso e da natureza discursiva do poder, assim como as concepções de Bakhtin ([1979] 2004), com ênfase na intertextualidade, para operacionalizar uma análise de discurso textualmente orientada, voltada para o estudo das dimensões discursivas da mudança social e cultural[13].

---

12 Para Passos (2012: 9), o "meme" é um gênero discursivo fecundo em ambientes virtuais, "uma espécie de representação" que reitera uma "posição de produção e reprodução de discursos dentro de uma prática social historicamente situada".

13 Ver capítulo 2: "Bases filosóficas da análise de discurso crítica".

Nesse sentido, a teoria tem como finalidade compreender as relações dialéticas entre as semioses e outros elementos da vida social, com o objetivo de estabelecer, reproduzir e realizar mudanças nas relações desiguais de poder. Nessa abordagem, a crítica volta-se para a análise e explicação das relações dialéticas entre as semioses e a lógica dominante, para, então, identificar possibilidades de superação de obstáculos na abordagem de problemas sociais, com vistas ao bem-estar social (Fairclough, 2009; 2010; Chouliaraki e Fairclough, 1999).

A mudança social diz respeito, de maneira mais ampla, à transformação das práticas sociais ou das redes de práticas sociais. No entanto, ela contempla mudanças nas estruturas sociais, práticas sociais e eventos sociais. Para Fairclough (2010), as transformações podem ocorrer em duas perspectivas: **reestruturação** e **reescala**. Na reestruturação, a mudança ocorre entre os campos e domínios sociais, tais como domínio midiático e o educacional. Na reescala, ocorrem transformações nas escalas locais e globais da vida social, tais como a globalização, enquanto processo de transformação espacial e social das redes de relacionamento de interação, atividade e exercício de poder.

O processo de transformação social é dialético e pressupõe conexão entre elementos semióticos e outros elementos da vida social. Acima de tudo, o processo de mudança social é discursivamente orientado, pois as mudanças ocorrem primeiramente nos discursos, por meio da recontextualização discursiva. As transformações, por sua vez, operam nos modos de interação, incluindo os gêneros, nos modos de ser, como nos estilos, assim como materialmente nas formas de organização espacial (Fairclough, 2010).

É importante destacar que a teoria social do discurso analisa a vida social em perspectivas discursivas a partir de uma base comprometida com um conjunto de valores que prezam a igualdade social, a justiça social e a democracia.

5. Característica interdisciplinar da análise de discurso crítica

Para estudar a sociedade, suas estruturas e práticas em perspectiva discursiva, os estudos do discurso, a partir da linguística crítica, viram o surgimento e o desenvolvimento de uma heterogeneidade de abordagens interdisciplinares que articulam os aportes teóricos e metodológicos de diferentes disciplinas, especialmente de abordagens das ciências sociais (Ramalho; Resende, 2011). Podemos citar, por exemplo, a associação entre: história e sociologia da abordagem histórico-discursiva; semiótica social e linguística funcional da abordagem dos eventos socais; linguística textual e psicologia textual da abordagem sociocognitiva; linguística e sociologia da abordagem da teoria social do discurso (Wodak; Meyer, 2009; Resende, 2008).

Na teoria social do discurso, a associação entre sociologia e linguística não apenas põe em relação duas disciplinas autônomas, mas busca abordar um problema discursivo a partir das perspectivas de várias disciplinas que contribuem igualmente para a investigação de uma solução. Nesse sentido, Chouliaraki e Fairclough (1999) argumentam que as investigações em ADC buscam uma pesquisa transdisciplinar e não somente interdisciplinar, colocando em diálogo teorias cujas lógicas são postas em ação umas dentro das outras sem, entretanto, se reduzirem umas às outras.

O caráter transdisciplinar da ADC[14] permite, portanto, "a apropriação de conceitos em articulação metodológica com outras áreas do conhecimento como a sociologia, antropologia, psicologia social, filosofia, entre outras", ainda que se ocupe centralmente dos aspectos linguísticos do discurso (Sato; Batista Jr., 2013: 14). Esse aparato objetiva um estudo discursivo da realidade social que investigue o papel da linguagem na sociedade contemporânea e em suas dinâmicas tanto de manutenção quanto de mudança social (Wodak; Meyer, 2009; Chouliaraki; Fairclough, 1999).

A ADC faircloughiana busca desenvolver uma abordagem que não separe as análises linguísticas e sociais, por acreditar que uma análise de discurso crítica só será realmente efetiva se promover a integração dos pressupostos das áreas convocadas para as análises. Segundo Fairclough (2003: 15), a análise textual como fonte de dados para a pesquisa social é limitada se for realizada isoladamente,

[14] Ver também capítulo 2: "Bases filosóficas da análise de discurso crítica".

pois os modos como os textos produzem significados, assim como a percepção de seus efeitos, especialmente os ideológicos, e das formas como eles aparecem nas práticas de áreas específicas da vida social não poderão ser percebidos pelo(a) analista.

Nessa abordagem, as principais influências da ADC advêm do realismo crítico[15], de Bhaskar (1989 e 1993), e da linguística sistêmico-funcional, de Michael Halliday (1978; 2004). Do realismo crítico de Bhaskar, provêm as concepções de linguagem e de práticas sociais, a relação dialética entre discurso e sociedade e entre ação e estrutura; além do arcabouço teórico-metodológico proposto para investigações dos problemas sociais, que "procura contemplar a natureza estratificada da realidade" (Ramalho, 2009: 7).

O realismo crítico é também inspiração para a visão de trabalho de pesquisa emancipatória da ADC (Ramalho, 2009) que, mais do que identificar efeitos de sentidos potencialmente ideológicos, busca utilizar esse conhecimento com vistas a apontar caminhos para que relações assimétricas de poder, em alguma medida sustentadas pela linguagem/semiose, possam ser superadas pelos sujeitos participantes das práticas sociais envolvidas nesse processo de luta hegemônica (Fairclough, 2003).

Da linguística sistêmico-funcional (LSF) de Halliday, vêm as bases para o modo como a ADC compreende a construção dos significados nos textos — ação, representação e estilo. Fairclough (2003) entende os significados acional, representacional e identificacional em correspondência com os modos como os discursos figuram nas práticas sociais: como modos de agir (gêneros); modos de representar (discursos) e modos de ser (estilos). A influência da LSF também pode ser percebida em várias categorias destacadas para a análise desses significados. Podemos citar como exemplos a articulação lógica entre as orações no significado acional; os processos de transitividade no significado representacional; e a modalidade no significado identificacional.

A integração da ADC com outros campos e áreas de investigação pode ocorrer no âmbito teórico, como vimos em relação ao realismo

15 Ver capítulo 2: "Bases filosóficas da análise de discurso crítica".

crítico e à LSF, mas também no metodológico, como acontece em pesquisas de cunho etnográfico, como discutiremos a seguir.

6. A pesquisa etnográfica

Para investigar os problemas discursivos que, na visão da ADC, se localizam em uma parte da vida social (Chouliaraki; Fairclough, 1999), as pesquisas devem promover abordagens metodológicas que auxiliem na compreensão das redes de práticas em que se inserem os discursos, empreendimentos complexos que não se restringem à análise textual.

Essa complexidade da visão do discurso como um dos momentos das práticas sociais justifica "a adoção de métodos múltiplos e a recusa de métodos padronizados" (Resende, 2009: 59) no seu desenho das pesquisas em ADC, exigindo "do pesquisador numerosas leituras em ciências sociais, reflexões sociais e/ou trabalho de campo" (Ramalho; Resende, 2011: 107), entre outras.

Contudo, segundo Ramalho e Resende (2011: 73), a pesquisa etnográfica[16] e a pesquisa documental são "dois dos principais paradigmas de investigação utilizados em pesquisas em ADC". Na composição dos dados de pesquisa, essas técnicas de coleta e geração de dados são muito úteis como fontes dos discursos (textos) a serem analisados. Tais dados podem ser obtidos por meio de observações, entrevistas, questionários etc. Entretanto, a pesquisa etnográfica se destaca como uma ótima estratégia para ampliar um *corpus* com dados suplementares (Fairclough, 2001: 277).

Ao propor uma análise do discurso linguisticamente orientada, Fairclough (2001), apesar de reconhecer não haver procedimentos fixos para fazer análise do discurso e de afirmar que a natureza dos dados requeridos para tal análise irá variar de acordo com os projetos e as questões de pesquisa, orienta que o *corpus* de pesquisa deve ser construído de um modo representativo das práticas que se objetiva estudar. Para ele, a constituição do *corpus* de pesquisa é "um problema prático de saber o que é útil" e de como chegar

---

[16] Sobre etnografia, ver o capítulo 8: "Análise de discurso das práticas— Etnografia".

a esses textos, além, claro, de ter um conhecimento que garanta ao(à) pesquisador(a) "um modelo mental da ordem de discurso da instituição, ou o domínio do que se está pesquisando, e os processos de mudança que estão em andamento, como uma preliminar para decidir onde coletar amostras para um *corpus*" (Fairclough, 2001: 277). Portanto, compor um *corpus* para um estudo crítico do discurso não é tarefa simples.

Nesse sentido, torna-se profícua a utilização da etnografia, metodologia de coleta e geração de dados oriunda da antropologia e da sociologia, que utiliza um conjunto de técnicas que visam coletar "dados sobre os valores, os hábitos, as crenças, as práticas e os comportamentos de um grupo social" (Aquino, 2001: 2). A pesquisa etnográfica é "indicada quando se pretende focar representações de mundo, relações sociais, identidades, opiniões, atitudes [e] crenças ligadas a um meio social" (Resende, 2009: 57), como é o caso das pesquisas em ADC.

Além disso, os dados obtidos por meio de técnicas etnográficas de coleta/geração de dados são fundamentais para a contextualização da proposta de pesquisa, pois o trabalho de campo permite ao(à) linguista perceber nuances do contexto de cultura dos textos analisados, incluindo as circunstâncias e os processos de produção e consumo dos discursos investigados que trazem a questão de como esses discursos são interpretados, assim como a diversidade de interpretações que ele apresenta (Chouliaraki; Fairclough, 1999).

No processo de investigação, o "acesso à ação social no contexto pesquisado é útil para a análise das representações discursivas, tendo em vista a relação dialética entre os momentos da prática". Dessa forma, "uma pesquisa discursiva isolada do conhecimento acerca da ação social relativa ao problema pesquisado dificilmente poderá vislumbrar as relações entre os momentos das práticas sociais em questão" (Resende, 2009: 68).

A combinação entre ADC e etnografia, segundo Chouliaraki e Fairclough (1999), pode ser útil para ambas. Por um lado, a vivência da etnografia, por requerer do(a) pesquisador(a) uma presença sistemática e prolongada no contexto investigado, lhe oferece "um conhecimento que extrapola o texto, que é o conhecimento sobre os diferentes momentos da prática social, seus aspectos materiais, seus processos e suas relações sociais, assim como as crenças, valores e desejos dos[as] participantes" (Chouliaraki; Fairclough, 1999: 62). Por outro lado, a

> etnografia também se beneficia da ADC no sentido da reflexividade, pois os dados materiais não devem ser considerados como descrições fiéis do mundo externo, mas como formações discursivas que são agregadas para construir uma dada perspectiva do mundo social (Chouliaraki; Fairclough, 1999: 62).

Além disso, a ADC, assim como a etnografia, "assume a impossibilidade da neutralidade analítica" (Resende, 2009: 55), pois ambas entendem que a pesquisa é um processo de interpretação que deve ser realizado com e para os(as) colaboradores(as) da pesquisa.

Para Thomas (1993: 2), o(a) pesquisador(a) pode adotar um "estilo" de pesquisa etnográfica, a etnografia crítica[17], que permite adotar uma postura engajada e comprometida com questões de desigualdades sociais. Segundo ele, a etnografia crítica aprofundaria o comprometimento ético do(a) pesquisador(a), forçando-o(a) a desenvolver o trabalho de investigação no contexto de uma agenda política, sempre questionando as pressuposições do senso comum.

A etnografia crítica seria, então, uma postura de pesquisa que compartilha com a etnografia convencional uma série de características fundamentais, tais como o uso da abordagem qualitativa no tratamento dos dados e do trabalho de campo como instrumento de investigação, mas que vai além da descrição e da análise cultural que apenas interpreta e apresenta significados, propondo-se a realizar a pesquisa em um processo reflexivo de escolhas entre as alternativas conceituais que lhe são apresentadas, juntamente a um processo de julgamento de valor dos significados e métodos, problematizando as diversas formas de atividade humana, assim como a própria pesquisa, com especial destaque para questões de caráter político (Thomas, 1993).

---

[17] Sobre etnografia crítica, também consultar o capítulo 8: "Análise de discurso das práticas: etnografia".

Entretanto, apesar de toda a sua potencialidade para a coleta e geração de dados em estudos críticos do discurso, a pesquisa etnográfica pode se tornar problemática, segundo Wielewocki (2001: 29), se os sujeitos pesquisados "continuam assujeitados e falando através do outro — pesquisador(a)". O(a) pesquisador(a) não pode ser visto(a) como o(a) detentor(a) do poder de representar os(as) participantes, tampouco seu ponto de vista pode ser o único privilegiado. É necessário adotar, no processo de coleta e geração de dados, uma postura crítica, jamais baseada nas relações de poder tradicionais entre entrevistador(a) e "informante", de modo que as pessoas da comunidade não sejam percebidas como "objeto de conhecimento", e sim como colaboradores(as) ativos(as) do trabalho de pesquisa com os(as) quais o(a) pesquisador(a) estabelece conversações recíprocas (Angrosino, 2009: 27-28) e a quem ele(a) deve recorrer para auxiliar e mesmo validar suas interpretações.

Para isso, a reflexão sobre a prática de pesquisa, possibilitada em pesquisa etnográfica principalmente por meio das notas de campo, é imprescindível. Isso porque somente a reflexão pode desencadear, no contexto pesquisado, a desnaturalização de representações tomadas como tácitas, o desvelamento de mecanismos causadores de questões problemáticas ou bloqueadores de soluções (Resende, 2009: 60).

7. Críticas e desenvolvimentos

Desde a proposta original da análise de discurso textualmente orientada, estabelecida pela publicação de *Language and Power*, em 1989, e de *Discurso e mudança social*, em 1992, a teoria social do discurso vem contribuindo para os estudos discursivos com sua proposta de articulação entre aportes teóricos e metodológicos de diversas áreas do conhecimento, em especial das ciências sociais. Contudo, as relações teóricas da ADC com outros campos disciplinares têm levado a várias críticas às associações que propõe.

Uma delas diz respeito à concepção de ideologia adotada por Fairclough em sua proposta, tanto por se basear na concepção marxista da luta de classes, quanto por ser vista como um conceito inerentemente negativo. A concepção de ideologia adotada pelo autor está associada a "pressuposições do senso comum que estão implícitas nas convenções linguísticas de interação utilizadas pelas pessoas, mas das quais elas geralmente não têm consciência" (Fairclough, 1989: 2). Motivo pelo qual ele defende que a consciência é o primeiro passo para se alcançar a emancipação (Fairclough, 1989).

De acordo com essa visão, a ideologia funcionará melhor quanto menos perceptível for seu funcionamento, ou seja, quanto menos consciência as pessoas tiverem das operações ideológicas postas em funcionamento no discurso. Por consequência, para a ADC, o consenso construído a partir das ideologias é uma das formas de exercer poder simbólico (Bourdieu, 1989), pois as pessoas normalmente não têm consciência da dimensão ideológica das práticas sociais em que se inserem (Fairclough, 2001).

Mas é justamente "por acreditar na possibilidade de as pessoas participarem de eventos discursivos reproduzindo inconscientemente valores ideológicos que Fairclough abre caminho para ser criticado" (Oliveira; Carvalho, 2013: 290), pois essa visão levaria ao entendimento de que a ideologia seria uma "falsa consciência, cuja função seria encobrir a verdade, levando as pessoas desprovidas de poder a tomar como seus os interesses que são na verdade dos grupos e indivíduos detentores do poder" (Oliveira; Carvalho, 2013: 304). A crítica se coloca principalmente porque os(as) próprios(as) analistas do discurso, como sujeitos dessa mesma sociedade, não estariam livres desses mecanismos ideológicos de assujeitamento atuantes no condicionamento de seus discursos e análises.

A esse respeito Feijó (2014: 14) argumenta:

> Esse posicionamento da ADC está muito atrelado à sociologia crítica da Escola de Frankfurt e às suas teorias sobre o controle do poder e o exercício da dominação. Consider[ando] que esta posição está também muito atrelada à dificuldade que as teorias críticas, em maior ou menor medida influenciadas pelo marxismo, têm para superar os debates sobre as diferentes acepções em que o próprio Marx utiliza o termo ideologia, na maior parte das vezes empregando-o, de fato, para nomear as ideias

burguesas intencionalmente manejadas para "mistificar" o mundo aos homens e mulheres comuns, cabendo então ao intelectual, único ser capaz de enxergar por entre as névoas da ideologia, salvar seus semelhantes.

Nesse caso, a defesa repousa no conceito de reflexividade[18] proposto pela postura necessariamente crítica do(a) analista, que deve sempre refletir sobre os caminhos adotados em sua pesquisa (Chouliaraki; Fairclough, 1999), inclusive justificando suas escolhas a partir de seus próprios posicionamentos e valores sociais, o que se alinha com a postura engajada e não neutra da ADC. Entretanto, isso não significa que as pesquisas devam ser usadas como arma para defesa e fortalecimento de nossas próprias crenças e valores, sem uma reflexão sobre opressões e desigualdades sociais que eles podem gerar.

Além disso, muitos críticos consideram a ADC reducionista por entenderem que ela atribui "as questões de poder às estruturas econômicas marcadas pelas relações de classe", limitando-se a uma visão materialista das relações de poder (Oliveira; Carvalho, 2013: 304). Entretanto, em sua defesa, primeiro tem-se que "as desigualdades socioeconômicas e materiais são marcadas pelas relações de classe e são expressas em termos de uma hierarquia dominador/dominado", mantida quase sempre por uma atitude de aceitação do dominado, decisiva para a manutenção do poder e do controle do dominador (Oliveira; Carvalho, 2013: 304). Em defesa da ADC, também podemos apontar que seu projeto teórico e suas pesquisas não se centram em aspectos econômicos do exercício de poder na sociedade, levando em consideração relações como as de gênero, étnicas e institucionais (Oliveira; Carvalho, 2013), que trazem para o debate questões de minorias não necessariamente ligadas a aspectos econômicos, como a luta LGTB, a questão do aborto ou da eutanásia, fortemente reprimidas por interesses de grupos religiosos.

Outra crítica levantada contra a ADC farcloughiana diz respeito ao entendimento da ideologia como um conceito inerentemente negativo, cujas bases encontram-se nos estudos de Thompson (1990). Nessa visão, somente teríamos ideologia se houvesse manutenção

---

[18] Ver capítulo 3: "Conceitos-chave em análise de discurso crítica".

hegemônica e opressora de poder. Entretanto, há de se argumentar que é possível inverter a ideologia para revelar valores positivos, pois se combatem ideologias com ideologias, principalmente quando os consensos são os mecanismos utilizados para a manutenção do poder. Para Feijó (2014: 19), é preciso "combater as ideologias negativas, obviamente, e nesse combate as ideologias positivas são as armas a serem usadas". Isso se considerarmos que não há ideologia apenas quando temos "relações assimétricas de poder" ou "relações de dominação", mas em qualquer relação social.

São muitos os debates em torno da proposta da teoria social do discurso, dos quais essas críticas são apenas alguns exemplos. Entretanto, justamente por ser uma área interdisciplinar, aberta ao diálogo e à incorporação de novas visões, conceitos e metodologias, a ADC permanece em desenvolvimento e aperfeiçoamento (Ramalho; Resende, 2011). Além disso, a busca por uma postura reflexiva durante e após o processo de investigação possibilita uma crítica que avança na compreensão que ela constrói da sociedade.

8. Palavras finais

Neste capítulo, apresentamos o modo como a análise de discurso crítica entende os discursos como um momento das práticas sociais a partir da compreensão de que a linguagem é parte da vida social. Para tal, destacamos sua proposta de análise de discurso textualmente orientada que é a base da teoria social do discurso de Norman Fairclough.

Além disso, discutimos o potencial multidisciplinar da ADC, com enfoque nas contribuições do realismo crítico, da linguística sistêmico-funcional e das metodologias de pesquisa etnográfica para esse campo de estudos. Isso sem desconsiderar os desafios que ainda se apresentam e as críticas que impulsionam a proposta para novos caminhos e desdobramentos.

PARTE 2

Método

CAPÍTULO 6

Categorias de análise

Décio Bessa
Denise Tamaê Borges Sato

1. O que analisar?

A análise de discurso crítica é uma ferramenta de investigação produtiva quando aplicada a pesquisas que visam desvelar as mudanças decorrentes do novo capitalismo, processo de mundialização do comércio conhecido como globalização. Para Fairclough (2006), a ADC compreende a globalização na medida em que promove a mudança social. O processo de mudança social se relaciona ao conceito de "hegemonia"[1] definido por Gramsci (1971) como equilíbrio instável, baseado em arranjos vantajosos, ainda que conflitantes do ponto de vista ideológico.

Ainda segundo Gramsci (1971), estabelecer o poder exige um processo de "universalização" de um interesse particular, que exige o exercício da liderança. Fairclough (2001) explica que a universalização de um objetivo, de um interesse, de um posicionamento, tomados como comuns aos diferentes participantes, só é alcançada pelo domínio econômico, político e cultural, por meio do poder ideológico[2] sobre um grupo ou sociedade. A ideologia estabelece sentidos e representações que trazem vantagens para grupos específicos, contribuindo para que surjam ou se sustentem as relações de poder. Trazendo os conceitos de ideologia e poder para a ADC, Fairclough (2003) afirma que as representações são operacionalizadas pelo poder na constituição de processos de dominação e exploração, a ponto de serem inculcadas em identidades (estilos) que repercutem nas formas de crenças/valores/desejos e no próprio modo de agir. Dessa forma, a ideologia envolve o ser humano, seu corpo, seus gestos, ganhando espaço nas vestimentas, nos usos linguísticos, nas práticas e em tudo o que envolve o ser com ela identificado.

Repetida e exaustivamente vivenciada em práticas distintas, sob diferentes formas de manifestação, a ideologia se naturaliza. Nesse ponto, o poder atinge o nível de compartilhamento e de universalização

---

1 Para maior detalhamento, veja os capítulos 3: "Conceitos-chave em análise de discurso crítica" e 5 : "Teoria social do discurso e evolução da análise de discurso crítica".

2 Thompson (2002) define ideologia como as maneiras como o sentido age na sustentação ou estabelecimento das relações de dominação. Para aprofundamento, veja o capítulo 4, "Discurso e prática social".

da hegemonia, estabelecendo-se. Ao estudar a globalização, por meio de gêneros discursivos, discursos e estilos, conseguimos desvelar, a partir de aspectos semióticos, nuanças da hegemonia.

A proposta de Fairclough é realizar uma análise consistente em termos de sustentação argumentativa, com evidências em análise de práticas, e construir um novo sentido para as ideologias naturalizadas, dessa forma desvelando manifestações de poder. A demonstração desses traços acontece por meio da constatação de aspectos semióticos e dialéticos nas diferentes formas de existir da ideologia, situando-as em uma estrutura de poder. Esse movimento passaria da análise de textos à análise de estruturas e de suas manifestações, ou seja, à explanação (explicação das funções do discurso nas produções/reproduções do poder).

Fairclough (2006) apresenta as características da globalização. Segundo ele, a mídia e os meios de comunicação tratam o processo de formação de mercados internacionais em escala global como algo não provocado por agentes. Sem a percepção das polaridades agente-alvo das ações, a população não tem a quem atribuir o poder, senão a um "sistema" tão perverso quanto abstrato. Em outro aspecto, Fairclough (2006) chama a atenção para a estratégia de agências, países e corporações internacionais na construção da mudança no consumo, produção, circulação e apropriação de recursos. Ao produzir mudanças, o discurso opera em sua constituição, sustentação e propagação. A construção discursiva da globalização, por sua vez, favorece a ocultação do processo neoliberal, calcado na formação de mercados globais, que interligam e disseminam as visões individuais e particulares de um grupo sobre os outros, sob a capa de uma democracia ocidental baseada em estratégias comerciais de oferta e procura.

A partir do fortalecimento dos grupos econômicos e dos mercados, os países são representados como não suficientes, incapazes e desprovidos de recursos ante o crescimento da pobreza, exceto por propostas inócuas de inclusão social (Fairclough, 2006). Nesse patamar, a globalização dá solidez ao abuso de poder e à corrupção das políticas locais. Outro estágio é a legitimação de políticas não populares como a ampliação da contribuição previdenciária, a redução de direitos trabalhistas, a propagação discursiva de um fatalismo segundo o qual se justifica a primazia da economia sobre o indivíduo. São utilizadas narrativas e estratégias retóricas para a formação de uma ideologia da globalização (Fairclough, 2006).

Considerando-se as estratégias do neoliberalismo, a ADC, que estuda a linguagem em uso, propõe identificar essas ferramentas de persuasão operadas no discurso e pelo discurso. Cabe ao analista identificar o problema, analisar práticas situadas e localizá-las em um nível global. A ADC, ao desvelar estratégias de poder, abre a possibilidade de transformar mecanismos de controle, convidando os participantes à reconstrução de papéis sociais por meio da reflexividade, com vistas à reorganização dos níveis de poder por meio de representações poderosas de grupos ou pessoas, tanto quanto de suas redes discursivas.

2. Primeiros passos: como analisar

A ADC tem como um de seus pilares a percepção de que os elementos das práticas sociais são relacionais[3] e dialéticos. As práticas articulam de modo relacional seus elementos. Contudo, cada prática se articula a outras práticas. Esse é o aspecto relacional, os elementos e as redes de práticas influenciam-se, de modo a fazer circular um conjunto de conhecimentos e crenças/valores/desejos que, compartilhados, formam as ordens do discurso. Nesse movimento, cada elemento influencia e é influenciado pelos demais elementos, compondo um organismo, uma instabilidade que não reduz nenhum de seus elementos. Essa mútua influência constitui o aspecto dialético[4].

A abordagem dialético-relacional de Fairclough prevê a indissociabilidade entre linguagem e sociedade como construto teórico e também uma realidade da qual se pode depreender que, ao analisar

[3] Segundo Fairclough (2005), as práticas são compostas pelos elementos: (a) atividade material; (b) meios de produção; (c) relações sociais; (d) identidades sociais; (e) valores; (f) formas de consciência; (g) semiose. Esses elementos estão dialeticamente relacionados (Harvey, 1996).

[4] Veja com maiores detalhes a abordagem dialético-relacional de Fairclough no capítulo 5, "Teoria social do discurso e a evolução da análise de discurso crítica".

os textos, os elementos linguísticos trazem marcas dos demais elementos, facultando a compreensão da prática. Por outro lado, a ADC se firma na possibilidade da mudança, tanto aquela promovida pelo contexto do neoliberalismo quanto aquelas originadas nos movimentos de resistência. Dessa forma, a ADC, no bojo da análise do novo capitalismo, se ocupa prioritariamente dos processos de mudanças, socialmente materializados nas relações entre os gêneros discursivos (elementos semióticos da atividade material/ação), os discursos (elementos semióticos das representações que circulam nas práticas) e os estilos (manifestações semióticas dos indivíduos relacionadas às identidades).

Nas palavras de Fairclough (2012: 309):

> A ADC é a análise das relações dialéticas entre semioses (inclusive a língua) e outros elementos das práticas sociais. Essa disciplina preocupa-se particularmente com as mudanças radicais na vida social contemporânea, no papel que a semiose tem dentro dos processos de mudança e nas relações entre semiose e outros elementos sociais dentro da rede de práticas.

São três as maneiras de atuação da semiose. Primeiramente, ela atua como parte da atividade social inserida em uma prática. É parte do trabalho de um vendedor de loja, por exemplo, usar a língua de uma forma particular, o mesmo acontecendo quando se governa um país. Em segundo lugar, a semiose atua nas representações. Os atores sociais, no curso de sua atividade, produzem não só representações das práticas em que estão inseridos (representações reflexivas) como de outras, recontextualizando-as (Bernstein, 1990; Chouliaraki; Fairclough, 1999: 309-310) e incorporando-as às suas próprias. Além disso, os atores sociais irão produzir representações de modo distinto, dependendo da posição que ocupam dentro de suas práticas. A representação é um processo de construção social das práticas — incluindo a autoconstrução reflexiva, as representações adentram e modelam os processos e práticas sociais. Em terceiro lugar, a semiose atua no desempenho de posições particulares. As identidades de pessoas que operam em certas posições são apenas parcialmente determinadas pela prática em si. As pessoas de diferentes classes sociais, sexos, nacionalidades, etnias ou culturas, com experiências de vida diversas, produzem desempenhos distintos.

Para compreender tanto o aspecto dialético-relacional quanto a mudança, o(a) analista faz um movimento em que:

(a) identifica um problema social que tenha implicações para a ordem social;
(b) busca os elementos semióticos para a análise;
(c) volta seu olhar para a prática na busca por sua compreensão.

A sociedade produz a realidade. Ao analisá-la, compreendemos a sociedade, suas articulações e hegemonias. Dessa forma, a análise nasce do social e volta a ele.

Para melhor visualizar esse movimento de análise, a ADC traz uma metodologia proposta por Chouliaraki e Fairclough (1999):

Estágio 1: Buscar o aspecto semiótico do problema

Estágio 2: Identificar os obstáculos para que esse problema seja resolvido pela análise:

- da rede de práticas das quais emerge o problema;
- das relações entre a semiose do problema e os demais elementos de prática;
- das relações da semiose com outros elementos dentro das práticas: estrutura analítica: a ordem de discurso; análise interacional; análise interdiscursiva e análise linguística e semiótica;

Estágio 3: Análise social

- considerar se a ordem social (a rede de práticas) é em algum sentido, um problema ou não;

Estágio 4: Explanação

- identificar maneiras possíveis de superar os obstáculos;
- refletir criticamente sobre a análise;

Figura 1: Estágios da análise dialético-relacional de Chouliaraki e Fairclough (1999).

Sob a ótica da ADC, o problema social corresponde aos efeitos vividos pelos indivíduos em face da nova ordem econômica. A percepção de que o "sistema" não é abstrato e de que é passível de mudança requer um olhar crítico. Tais problemas são evidenciados como algo que requer soluções, atitudes emancipatórias por parte daqueles que sofrem desnivelamentos de poder. Pessoas que carregam em suas vidas dificuldades em razão da classe, sexo, raça, língua, entre outros.

Esses problemas são mantidos e sustentados por redes de práticas. Dessa forma, no estágio 2, busca-se visualizar os motivos pelos quais os problemas não foram superados. Quais forças se relacionam e de que modo o problema é "necessário" para a manutenção hegemônica. Nesse estágio, os discursos e semioses estão imbricados, operando relacionalmente com os demais elementos, em uma rede de práticas que formam as estruturas (ordens de discurso em seu aspecto semiótico). O discurso traz os elementos de dominação ideológica, que moldam a interação, percebida como diferentes formas de contato, ainda que não sincronizadas no tempo ou não circunscritas no espaço. Textos (orais, escritos, com ou sem imagens) veiculados na internet, na mídia, em livros, ou materiais que circulam em atividades específicas são considerados como meios de interação.

Na análise discursiva, verifica-se que diferentes "discursos" estão presentes nas interações, articulando os aspectos semióticos das práticas sociais (gênero, discurso e estilo). Para localizá-los, utilizamos a análise linguística com base na proposta de Halliday (1985/2004), que traz categorias funcionais de análise que vinculam a análise linguística à análise social. Por outro lado, a análise de imagens, por exemplo, carece de outras categorias como a proposta da multimodalidade de Kress e van Leeuwen (2006).

No estágio 3, voltamos nosso olhar para o social, buscando interpretar se esse problema identificado encontra suas raízes na ordem social. Nesse momento, percebemos mais nitidamente a formação ideológica sustentando posições de poder. Por fim, no último estágio, mudamos a polaridade da análise, partindo do problema para as possíveis soluções por meio da mudança social. São vulnerabilidades da estrutura hegemônica que, uma vez desveladas, contribuem para a mudança. As lacunas do poder são formadas pelas divergências de interesses e pela resistência decorrente. Igualmente, a crítica explanatória nesse estágio revela a posição da ADC ante as ciências críticas como instrumento de ação reflexiva para a emancipação social, inclusive em práticas acadêmicas.

3. Categorias de análise

A análise do problema e a elaboração do *corpus* dependem do desenho da pesquisa. Durante o processo de investigação, poderão ser demandadas categorias oriundas de outras áreas, com possibilidade de articulação entre diferentes teorias, como a teoria da polidez, a teoria social do discurso, a teoria das representações sociais, entre outras. Cabe ao(à) analista perceber possibilidades de apoio harmônico entre as muitas áreas existentes. Contudo, a base de análise é o texto. O texto como unidade de análise pressupõe que a construção do *corpus* (com dados coletados e/ou dados gerados[5]) propiciará a análise de textos de determinado gênero (ou mais) em um período sócio-histórico específico[6], considerando as práticas sociais correlacionadas.

As descrições, as análises, as interpretações e as explicações são realizadas com base nas materialidades linguísticas presentes nos textos e embasadas nos estudos históricos, sociais, linguísticos que envolvem as questões de pesquisa. Desse modo, a análise de discurso crítica acontece na pesquisa de maneira textualmente orientada. A definição central para "texto", neste capítulo, vincula-se à compreensão de Magalhães (2006) que compreende texto como "a materialidade linguística e semiótica das práticas

[5] Ver Bauer e Gaskell (2005).

[6] Geralmente da atualidade. Alguns estudos podem envolver também diferentes períodos históricos.

sociais". Também se considera a perspectiva de Chouliaraki e Fairclough (1999: 144) que consideram um "texto" como "um 'membro' de um gênero".

Para exemplificar algumas das categorias de análise, utilizaremos a pesquisa de Bessa (2007) como ilustração. Em Fairclough (2001 e 2003), são elencadas categorias analíticas como: coerência, coesão, controle interacional, metáfora, transitividade, tema, polidez, modalidade, avaliação, relações semânticas, relações gramaticais, equivalências e diferenças, representação de eventos sociais, gênero discursivo, intertextualidade, significado das palavras, representação dos atores sociais e interdiscursividade. As cinco últimas categorias dessa relação serão discutidas e exemplificadas de maneira sintética neste capítulo.

3.1. Gênero discursivo

A análise do gênero discursivo se localiza no primeiro estágio de análise: buscar os aspectos semióticos do problema a ser estudado, vinculados às ações das pessoas em práticas sociais. Tais ações são organizadas em rotinas que envolvem formas mais ou menos estáveis de interação. As interações ocorrem por meio de diferentes textos. Nesse sentido, os gêneros discursivos são o modo pelo qual as pessoas participam ativamente no seio de uma prática específica. Dentro de uma perspectiva de estudos da linguagem (considerando todas as semioses, apesar de privilegiar formas linguísticas), Fairclough (2003) explica que o aspecto semiótico relacionado aos modos de agir e interagir socialmente são os gêneros[7], que atuam na formação do significado acional. Nos trabalhos de

[7] Uma das questões em debate em língua portuguesa é a especificação do termo "gênero". Em inglês, distingue-se *genre* de *gender*; em português, a tradução é idêntica: "gênero". Temos a mesma nomenclatura para designar "gênero discursivo/textual" e "gênero social" (que se refere à sexualidade de agentes sociais). Neste capítulo, optamos pelo termo "gênero discursivo" (em vez de "gênero textual") por compreendê-lo não somente em seus aspectos estruturais "internos", mas, além disso, em sua correlação com as práticas sociais e como um elemento de "ordem de discurso". Em determinados momentos, usamos simplesmente a palavra "gênero", tratando de gênero discursivo. Esclarecemos que há pesquisadores e pesquisadoras que preferem o termo "gênero textual", mesmo trabalhando com perspectiva discursiva semelhante (ver Meurer, Bonini, Motta-Roth, 2005).

Fairclough, encontram-se definições de gênero[8] como: "Conjunto de convenções relativamente estável que é associado com, e parcialmente representa, um tipo de atividade socialmente aprovada" (Fairclough, 2001: 161); "um tipo de uso da linguagem desempenhado em uma prática social particular" (Chouliaraki e Fairclough, 1999: 56); "uma forma de ação em seu aspecto discursivo" (Fairclough, 2003: 216).

A prática molda a ação, calibrando as expectativas ao produto oferecido nas interações. Os gêneros operam incluindo essa percepção em sua constituição, estrutura linguística, funcionalidade, posições de produção e recepção, de modo peculiar no conjunto das atividades desempenhadas pelos indivíduos. Não raro, influem na personalidade, na autopercepção como participante. Ao internalizar a "cultura" contida no gênero, dominando sua estrutura e funcionalidade composicional, o indivíduo passa a apresentar sinais de identificação com a prática, alterando sua disposição íntima, sua identidade. Segundo Bazerman (2005: 102):

> ... os gêneros moldam as intenções, os motivos, as expectativas, a atenção, a percepção, o afeto e o quadro interpretativo. O gênero traz para o momento local as ideias, os conhecimentos, as instituições e as estruturas mais geralmente disponíveis que reconhecemos como centrais à sua atividade.

Para interagir adequadamente, não bastam aos indivíduos as habilidades de leitura e escrita. O sistema semiótico é amplo e complexo. Nuanças são dispersas na sociedade contribuindo para que as representações "posicionem" e "fixem" o *modus operandi* das relações sociais. Esse sistema semiótico, segundo Kress e van

---

[8] O conceito de gênero discursivo foi desenvolvido por Bakhtin, cuja compreensão corresponde a uma forma específica de atividade (ação/interação) por meio de textos. Esse conceito é importante por considerar a linguagem como atividade, centrada em usos mais ou menos regulares que incluem: (a) um conteúdo temático, (b) um estilo específico e (c) uma estrutura composicional própria. Essa interligação caracteriza o gênero com uma determinada estabilidade e sendo realizado dentro de atividades sociais específicas (Bakhtin, 2003). São exemplos de gêneros discursivos: a carta, o laudo médico, a notícia, entre outros.

Leeuwen (2006), mescla a linguagem às práticas. Fairclough (2003: 77) corrobora essa discussão, salientando o processo de mudança associado aos gêneros: "[...] um fator em mudança de gêneros é o desenvolvimento em tecnologias de comunicação: o desenvolvimento de novas tecnologias de comunicação caminha junto com o desenvolvimento de novos gêneros".

Na obra de 2003, um dos autores que fundamenta a teorização de Fairclough sobre gênero é John Swales, com seu livro *Genre Analysis* (1990). Entre outras considerações, Fairclough adota de Swales o termo *pré-gênero* e discorda da definição de gênero como uma "classe de eventos comunicativos", porque o evento real não está no gênero, mas na relação do gênero com uma rede de práticas sociais.

Para Magalhães (2004), "os gêneros discursivos determinam os textos falados, escritos, ou visuais, segundo um padrão sequencial e linguístico (semiótico), conferindo-lhes uma forma particular e convenções discursivas específicas". De acordo com Fairclough (2003), há uma série de características que devem ser observadas nos gêneros. A ênfase em determinadas características dependerá dos objetivos de pesquisa; poderá ser uma descrição/discussão mais pormenorizada ou poderá ater-se a alguns aspectos específicos.

Em relação ao *corpus*, é possível apresentar o gênero de um modo geral (identificando elementos distintivos perceptíveis em uma gama de textos do respectivo gênero), mas é interessante considerar também os textos selecionados para análise no momento de caracterização — até mesmo para verificar possíveis diferenças/mudanças.

A obra utilizada como exemplo neste capítulo, *Charges eletrônicas das eleições 2006: uma análise de discurso crítica*, analisa o gênero "charge eletrônica"[9] (CE), popularizado pela internet como ferramenta de crítica. O gênero "charge" veicula conteúdos críticos com humor. As charges, estáticas em jornais, passam a entrelaçar-se ao

[9] Um dos principais *sites* que apresenta charges eletrônicas é o www.charges.com.br.

meio eletrônico, ambiente em que passaram a constituir pequenos "vídeos" animados, com maior espaço/tempo e possibilidades de inserção de conteúdos.

Do ponto de vista da globalização, a linguagem do capitalismo se apoia em projetos políticos que tentam remover à força a ação do Estado em projetos de proteção e assistência social. O discurso neoliberal infunde ideias de que suas propostas são inevitáveis. Em relação ao projeto político do país, embora seja inerente ao contexto nacional, seus resultados repercutem em nível global, em razão do tamanho de nossa economia. Temos, assim, três objetos de análise interconectados: **dominação, diferença** e **resistência.**

Em relação à **dominação**, o gênero CE não emerge do centro do poder, logo não é dominante. Mas pelo suporte — internet — e por seu caráter de humor, a CE ganha visibilidade. Em termos de linguagem (discursos), a CE tende a evocar uma visão mais social em razão do ponto de onde surge sua voz — blogueiros e jornalistas. O formato/conteúdo ganha contornos que se vinculam à prática do grupo ao qual pertence.

A **diferença** ocorre ao abordarmos a variedade de gêneros que ocorrem no ambiente político — a CE corresponde a um deles. Os discursos relacionados ao poder informam sobre a pertinência de manutenção de determinados grupos. A CE tem propensão à oposição, à diferença, associando-se assim a outros grupos de gêneros.

A **resistência** — os gêneros dominantes colonizam os demais, em processos de reescalonamento, que faz o particular migrar para o global. Discursos econômicos estão colonizando campos como a educação e a saúde, por exemplo. Como foco de resistência e criticidade, a CE não assimila completamente os discursos colonizadores, porque combina com elementos da crítica jornalística, em processos de construção de sentidos que mesclam luz e sombra sobre fatos políticos que revelam formas de resistência.

Tomando como referência os textos que foram publicados no *site* www.charges.com.br, a **escala** das CES é geralmente nacional em termos de audiência e conteúdo, mas o acesso pode ser global via internet. Para os dois itens seguintes, estamos considerando níveis "baixo, médio e alto". Sendo assim, quanto à **estabilização**, elas são de nível médio, considerando a produção, recepção e reconhecimento do gênero por parte de leitores e de leitoras. A CE deriva da charge "tradicional" e conta com as possibilidades das novas tecnologias.

A **homogeneização** das CES é de nível médio. Existem diferenças em comparação com outros *sites* ou programas de TV que as exibem. Inovações podem ser observadas também no próprio *site* indicado www.charges.com.br, por exemplo, com a inserção de gravação de vídeo. A figura 2 apresenta uma síntese:

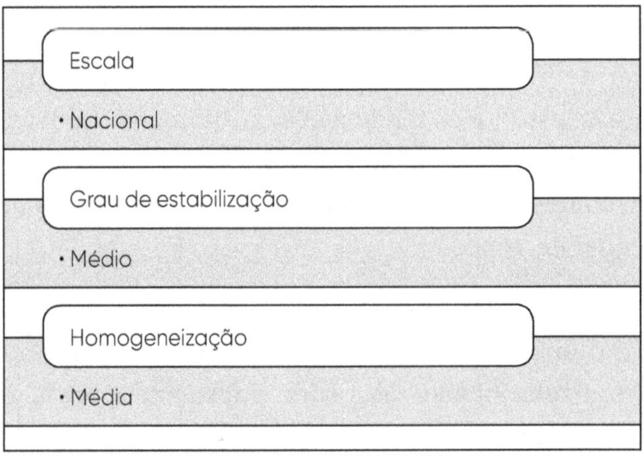

Figura 2: escala, grau de estabilização e homogeneização.

Além de mesclar diferentes linguagens nos textos, o gênero "charge eletrônica" apresenta transformações de gênero em gênero, o que Fairclough (2003) denomina de "**cadeias de gênero**". A internet permitiu transformações que decorreram tanto da tecnologia quanto da instabilidade das redes de poder, conferindo a cidadãs e a cidadãos, jornalistas, grupos ativistas, entre outros, a possibilidade de obtenção de voz no ambiente político. As mudanças em cadeias de gênero, como as que ocorrem com as CES, demonstram o **hibridismo** recorrente em diversos gêneros dentro das práticas sociais na modernidade recente (Giddens, 1991; Chouliaraki e Fairclough, 1999; Fairclough, 2003).

A figura 3 sintetiza características e elementos das CES:

Gênero, suas características abstratas e elementos componenciais

- Mídia
- Caricaturas
- Voz
- Cotidiano
- Humor
- Animação
- Música
- Vídeo
- Pessoas
- Estereótipos

Figura 3: CE – características e elementos componenciais.

A CE usa mídia eletrônica (internet e/ou TV); tem imagens caricaturadas; representa a voz dos personagens com a acentuação das características prosódicas; trata de fatos do cotidiano (incluindo novelas, esportes, política etc.); usa humor; tem animação computadorizada, com ou sem som. Há CES que contêm: música e também inserções de gravação em vídeo. Muitos textos de CES trabalham com representação de pessoas reais, outros trazem personagens fictícios; a estereotipia também é marcante.

Em termos de análise do gênero em relação à prática, ainda podemos analisá-lo quanto a sua estrutura. Fairclough conceitua gênero considerando pré-gêneros, subgêneros e gêneros situados. O **pré-gênero** se refere a uma categorização mais abstrata e ampla como a "narrativa" ou a "conversação". Além de considerá-lo, é preciso observar as mudanças/inovações de determinado gênero ou o surgimento de um novo, atentando para a mescla de gêneros que subjazem a sua formação. Dessa maneira, pode-se perceber como ele se estabelece como um **gênero situado** dentro de uma prática social (ou rede de práticas) e quais são os **subgêneros** que se intersectam para sua formação — de uma maneira mais abstrata.

Considerando que os personagens das CEs estão sempre dialogando entre si ou diretamente com o(a) internauta, entende-se que o *pré-gênero* é a *conversação*. Sendo a conversação o pré-gênero, pode-se perceber que a narração, a argumentação e até mesmo a descrição estão presentes nos textos, atuando como *subgêneros*. A CE é um *gênero social e historicamente situado* dentro de práticas sociais.

Uma correlação em diferentes níveis está registrada na figura 4:

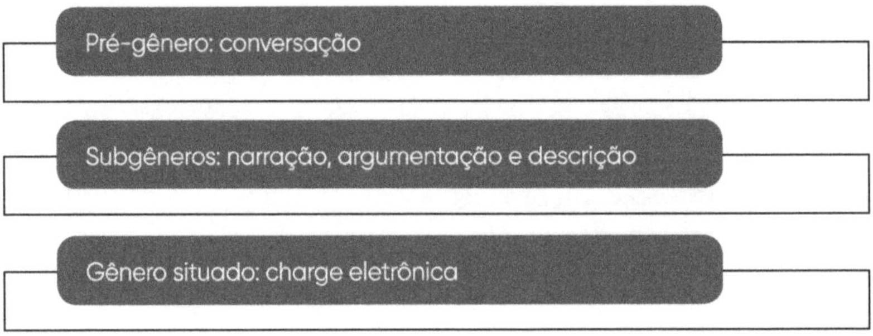

Figura 4: CE – Pré-gênero, subgênero, gênero situado.

A análise de textos de CE precisa ser feita levando em conta as diferentes modalidades (união de elementos escritos, elementos imagéticos e também sons/músicas/falas) e principalmente a relação entre elas. O verbal, por exemplo, nem sempre coincide com o visual e essa é uma estratégia de construção dos textos.

Em relação à "ênfase no aspecto semiótico do problema", temos em Fairclough (2006) a orientação para a análise do contexto sempre que necessário. Como no caso das CEs, sem a informação contextual, não é possível depreender seu sentido completamente, devido à forte carga humorística que exige o prévio conhecimento do assunto. Igualmente, do contexto emergem dados que elucidam parte dos problemas sociais por meio da visão da ordem social, ou seja, como o problema se relaciona ao novo capitalismo. Fairclough (2003: 77) observa: "Uma questão geral que surge ao analisar gêneros é perceber quais modalidades semióticas se esboçam e como elas se combinam".

As CES, nesse sentido, combinam imagens (caricaturas[10], cores, ambientes, desenhos ou vídeos) e linguagem verbal (com som e/ou registro gráfico) semanticamente conectadas e em sequência de animação computadorizada. A utilização de diferentes elementos semióticos abre à possibilidade de evocar diferentes discursos e práticas conexas, assim, uma gama maior de gêneros relaciona-se em cadeia. A partir da figura 5, discutimos a *cadeia de gêneros* e o *hibridismo de gêneros* em textos:

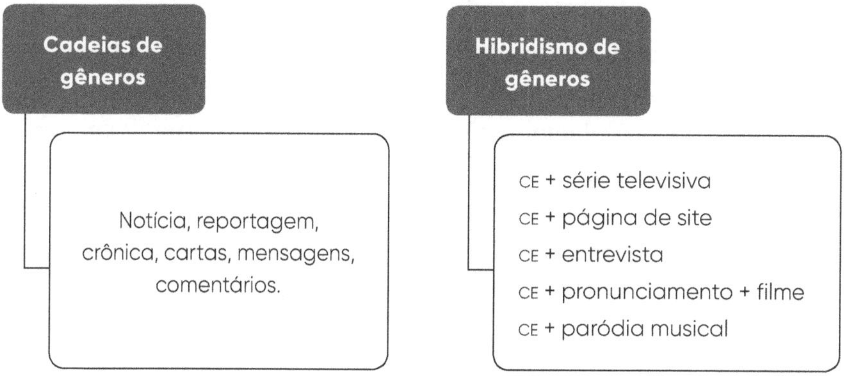

Figura 5: Cadeia de gêneros e hibridismo nas CES.

A **cadeia de gêneros**, no caso das CES, pode ser observada na relação com os assuntos tratados, pois as CES, em sua maioria (direta ou indiretamente), relacionam-se com jornais e revistas impressos ou eletrônicos (por meio de gêneros como: notícia, reportagem, crônica, cartas). Elas fazem *recontextualizações* (trataremos desse item na parte de intertextualidade), modificando ou criando um novo contexto para texto(s) diferente(s). Essa cadeia de gêneros continua em conversas de leitores, mensagens ao *site*, comentários para as mensagens, na possível reverberação em portadores de textos como jornais e revistas e em outros gêneros como em teses de doutorado ou neste livro, por exemplo. Assim, a *cadeia de gêneros* se estabelece (*a priori* e *a posteriori*) em relação ao gênero em análise.

[10] As CES do site www.charges.com.br geralmente apresentam caricaturas leves e com aparência engraçada, mas não exageram características de avaliação estética negativa, como acontece com grande parte das charges impressas.

De forma mais objetiva, é possível observar como se dá o **hibridismo** em textos com base em um **gênero principal** e **gêneros secundários.** Fairclough (2003) observa que há uma intensificação do *hibridismo* na mídia e que fato e ficção, notícia e entretenimento mesclam-se muitas vezes. A charge eletrônica faz isso de forma explícita — é uma de suas características. De modo geral, seus textos apresentam um *hibridismo* com outros "gêneros situados": charge eletrônica; série televisiva; CE-*site* de internet; CE-entrevista; CE-pronunciamento de político; CE-filme; CE-paródia musical.

O **hibridismo**, assim como a cadeia de gêneros, pode indicar que houve alterações na prática. A cadeia demonstra a quais novas áreas o gênero se relaciona e o hibridismo denota uma nova configuração de poder, de funcionalidade. Assim, as CEs permitem a não usuários de suportes tradicionais de poder comunicarem suas críticas em meio eletrônico, influindo em eleições presidenciais, por exemplo. Essa nova fórmula deu-se em razão:

(a) da introdução de novos participantes — blogueiros e escritores de *sites*;
(b) da ascensão de discursos marginalizados (de crítica ao poder estabelecido);
(c) da mudança em relação à posição de poder decorrente dos dois primeiros elementos.

Outro trabalho a ser realizado em relação ao gênero em sua perspectiva discursiva é identificar as atividades, relações sociais e as tecnologias presentes. O que as pessoas estão fazendo discursivamente? Essa é uma pergunta fundamental de se fazer, pois a produção e a leitura desses textos são **atividades** de eventos sociais que pertencem a práticas sociais prioritariamente discursivas (percebe-se isso melhor se compararmos com atividades de mergulho, que são bem menos discursivas). Como os gêneros têm propósitos definidos, cabe identificar quais são os propósitos dos textos, para perceber que há uma hierarquia entre os propósitos: uns estão explícitos; outros, implícitos. De modo amplo e genérico, as principais atividades envolvidas com a leitura de charges eletrônicas são: entreter, criticar, informar, obter audiência e comercializar. No cenário das eleições, um dos objetivos das atividades de produção e leitura de CES era fazer política, influenciando a cultura acerca da própria prática política, introduzir pessoas não afeitas ao tema na discussão, enfim, abrir caminhos para a criticidade.

O caráter informativo do jornalismo paira sobre a prática da produção de CES, podendo conferir ao gênero um "*status* de verdade". A aceitação tácita do conteúdo de uma empresa voltada para o entretenimento, como o *site* charges.com.br, lança luzes sobre a razão de se dar crédito a algo semelhante a uma piada: a crítica ácida, com base jornalística, é vista como posicionamento crítico pertinente a detentores de conhecimento. Logo, a voz que ressoa no *site* charges.com.br pode ser assumida e replicada por pessoas que a leem e divulgam em seus compartilhamentos.

As **relações sociais** estabelecidas entre texto e leitor(a) ocorrem entre a organização charges.com.br e indivíduos, em um processo onde há distância (organização — escala nacional *versus* indivíduos — lugares específicos) e hierarquia social (as organizações exercendo poder em relação aos indivíduos), mesmo que a linguagem (verbal e não-verbal) utilizada procure minimizar essa característica ao criar uma aparência de proximidade entre organização e indivíduo.

Quanto às **tecnologias** presentes no gênero, os textos analisados são de comunicação eletronicamente mediada e em mão única (não há troca de turno, apenas a CE "fala"); leitoras e leitores apenas emitem opiniões e comentários acerca do conteúdo; a CE é veiculada de forma gratuita na internet; e a apresentação da CE é dinâmica por meio de recursos (programas e equipamentos) de informática.

Fairclough (2003) destaca: as práticas sociais articulam conjuntamente os seguintes elementos sociais discursivos e não-discursivos: "Ação e interação; relações sociais; pessoas (com crenças, atitudes, histórias etc.); o mundo material; discurso" (p. 25).

É possível dizer que o gênero que estamos analisando neste momento (a CE) é responsável pela *ação e interação* mediada por computador. Isso propicia uma *relação social* virtual com a organização e com outras *pessoas* que visualizam esses textos, as quais têm *identidades* diferentes e leem as CEs por meio da tecnologia *material* necessária, em espaços físicos semelhantes ou não (no trabalho, em casa etc.) e, por fim, têm contato com os *discursos* presentes nos textos.

A análise do gênero discursivo mantém relação com ações e atividades inerentes a uma prática específica, ou seja, ao significado acional do discurso. Uma vez analisadas, passamos ao segundo estágio da proposta da ADC — identificar obstáculos para que esse problema seja resolvido, pela análise:

(a) da rede de práticas na qual está inserido;
(b) das relações de semiose com outros elementos dentro das práticas particulares em questão;
(c) do discurso.

Assim, passamos aos aspectos mais intimamente relacionados ao significado representacional, que trabalha em um nível abstrato intermediário na busca pela compreensão das práticas sociais.

3.2. Intertextualidade

> A intertextualidade de um texto é a presença de elementos de outros textos nele (e então, potencialmente, de outras vozes além da voz do[a] autor[a]), que podem estar relacionados (discutidos, assumidos, rejeitados) de várias maneiras (Fairclough 2003: 218).

Ao analisar os discursos, temos em mente a qualidade dialética em que os elementos internalizam partes dos demais discursos, sem se reduzirem uns aos outros. Nesse sentido, a intertextualidade evoca sentidos, significados de outros elementos trazidos à ação por meio dos gêneros discursivos para participar da interação. Interessa, em termos de intertextualidade, que sua utilização estabeleça uma relação entre o texto e outros textos, discursos, práticas, ideologias, sentidos, imagens e assim por diante.

O termo *intertextualidade* é de Kristeva [(1966)1986], com base nas discussões de Bakhtin sobre gênero e principalmente sobre dialogismo[11]. Bakhtin salienta, por exemplo: "Cada enunciado é pleno de ecos e ressonâncias de outros enunciados com os quais está ligado pela identidade da esfera de comunicação discursiva" (Bakhtin, 2003: 297).

Uma das questões produtivas para a análise intertextual em ADC é observar que textos e vozes estão presentes ou ausentes em determinado texto e o que essa presença ou ausência tem de significativa. As CES, às vezes, ocultam o "dito" por meio do "não-dito" via ironia (objetivando o humor e a crítica); em outros momentos, marcam explicitamente o intertexto dando ênfase a determinado aspecto/"fato"/notícia sobre o tema abordado.

Diferentes práticas sociais e representações de eventos sociais são incorporadas às CES[12]. Dessa forma, elementos textuais mudam de contexto, ocorrendo então uma **recontextualização** (isso também pode ser percebido quando se estuda a "*cadeia de gêneros*"). Diferentes textos de diferentes gêneros "trazem textos e contextos" para serem recontextualizados nas CES. As falas das personagens fazem referência ao mundo "real". Quando são modificadas ou inseridas sem alterações, recebem um enquadramento que geralmente exacerba o sentido ou o reconfigura com determinadas intenções (humorísticas, críticas, por exemplo) dentro das características do gênero discursivo.

Fairclough (2001, 2003) destaca que as **negações** também implicam uma asserção em "outro texto" e por isso são marcas de intertextualidade. Semelhantemente, as **ironias** ecoam o enunciado de outro texto, expressando alguma atitude negativa, por exemplo, de sarcasmo. Há também a **pressuposição**, que considera a presença de outro texto incorporado em proposições estabelecidas ("dadas"); se for dito que "o risco de falência é ilusório", isso indicará que "há um risco de falência", ou seja: um "outro" texto.

Outra questão a considerar é que os textos que os(as) receptores(as) trazem ao processo de interpretação se entrelaçam em uma perspectiva intertextual (Fairclough, 2001). Em 2006, houve uma série

---

11 Para os estudos críticos, uma concepção fundamental de que todo texto dialoga com outros, ou seja, estabelece uma relação dialógica entre a voz do(a) autor(a) e outras vozes (que podem estar explícitas, subentendidas ou mesmo "apagadas").

12 Em outros gêneros, isso também acontece. Nas CES isso é muito evidente.

intitulada "Entendendo as eleições 2006" e um de seus textos recebeu o título "Classes sociais e o voto" (Quirino, 2006a)[13]. Na figura 6, há uma degravação dessa CE, com os elementos verbais e com a principal imagem vinculada às "classes" destacadas pelo autor.

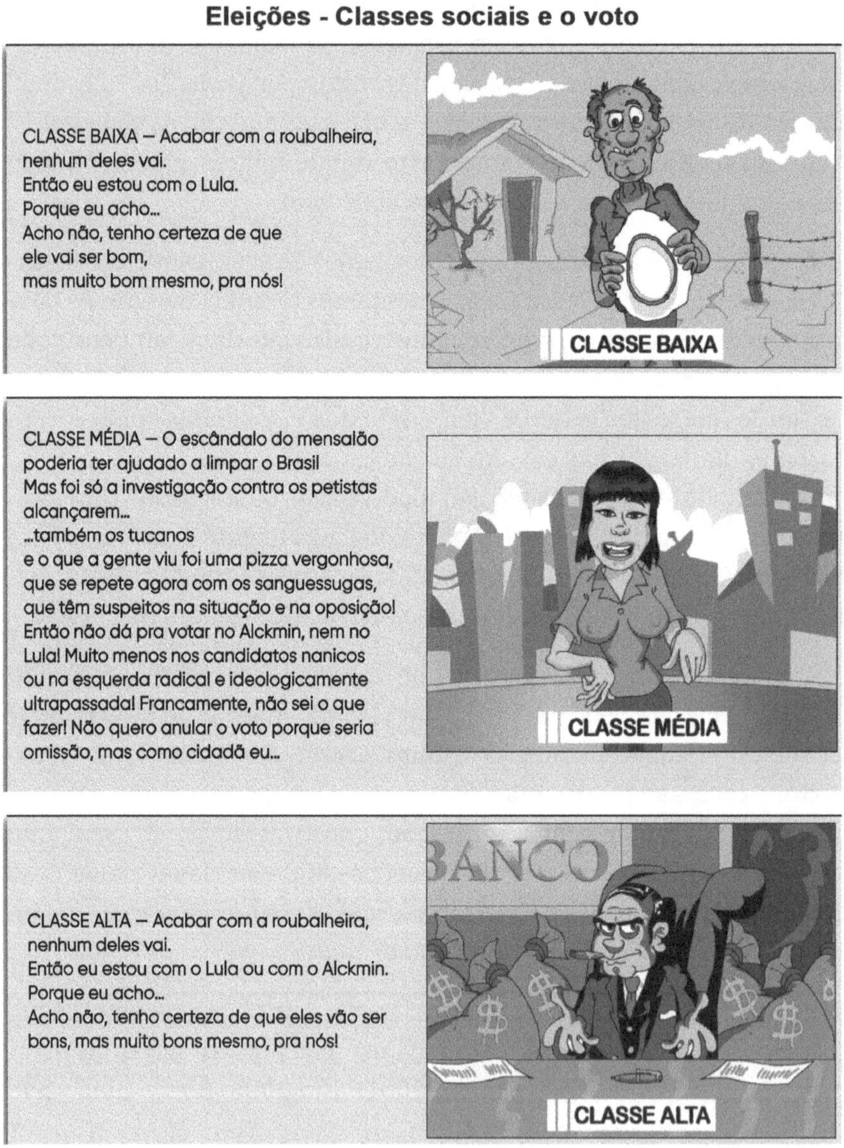

Figura 6: Degravação da CE Classes sociais e o voto (Quirino, 2006a).

---

13 Disponível em https://charges.uol.com.br/2006/08/22/eleicoes-classes-sociais-e-o-voto/

Dizer: "Acabar com a roubalheira, nenhum deles vai" evoca a intertextualidade do senso comum de que "todo político é corrupto". Assim, a fala pode ser compreendida como: primeiro — todos os candidatos e todas as candidatas, ou são corruptos(as) ou são coniventes (acabam sendo corruptos(as) por extensão de sentido). A segunda possibilidade interpretativa é a de que a "roubalheira" é tanta e tão estruturada que ninguém no campo político é capaz de erradicá-la. Em uma interpretação ou outra, esvazia-se a possibilidade de mudança por conta dos pressupostos intertextualmente estabelecidos.

As CEs também atraem o público pela condensação de seu conteúdo. No *site* charge.com.br, as CEs podem transmitir representações da voz ou opinião pública; embora carreguem o ponto de vista do autor, elas buscam traduzir, de modo humorístico, o que se vincula ao conhecimento público. Pela condensação das informações, na CE em análise, temos a opinião de três classes. Os muito pobres estariam cientes de que resolver a roubalheira nenhum deles iria, porém, com o candidato Lula as coisas ficariam bem melhores. Nessa intertextualidade, é possível depreender, entre outras, a voz da população beneficiada pelos programas sociais, dentre os quais se destacava o Bolsa Família.

A "classe média" seria mais complexa. A personagem faz referência ao "Mensalão" e à "Operação Sanguessuga", da Polícia Federal[14]. Considerando o envolvimento tanto de partidos da situação quanto de partidos de oposição, a eleitora encontra dificuldades em votar. A alusão à pizza aponta intertextualmente para as inúmeras investigações que não teriam avançado.

Por fim, a "classe alta" optaria pelo "tanto faz". Lula ou Alckmin seriam igualmente bons; uma intertextualidade com os índices de crescimento econômico da população muito rica no país. Assim, tanto o PT quanto o PSDB satisfariam quanto à política econômica.

---

[14] A "Operação Sanguessuga", também conhecida como "máfia das ambulâncias", iniciou-se em 2006 devido à descoberta de uma quadrilha que tinha como objetivo desviar dinheiro público destinado à compra de ambulâncias.

Observando, por meio da intertextualidade, temos uma relação muito próxima entre eleições e aspectos econômicos do país, que reposicionam e ressignificam os discursos das "três classes sociais" em termos de neocapitalismo e sistema de poder.

3.3. Significado das palavras

A escolha lexical tem relevância em estudos discursivos, tornando produtiva a análise de determinadas palavras socialmente destacadas (Fairclough, 2001). Determinados itens lexicais atuam com uma extensão de sentido (dicionarizada ou não, exemplo: "engavetar"[15]), ou recebem uma conotação metafórica ("sanguessugas"), ou ainda são criação nova ("mensalão"[16]). Percebe-se, assim, o processo dinâmico nas relações sociais (intensificado pela mídia, por exemplo), que rompe barreiras de dicionários e atende demandas linguístico-discursivas prementes, de acordo com interesses específicos.

A análise de vocabulário é produtiva para observar as representações, levando em consideração que os discursos "'lexicalizam' o mundo de maneiras particulares" (Fairclough, 2003: 129). Na perspectiva da análise de discurso textualmente orientada (ADTO) empreendida por Fairclough em sua *abordagem dialético-relacional* da ADC (Fairclough 2001, 2003, 2009), a unidade de análise é o texto. Sendo assim, analisar itens lexicais utilizados em quaisquer *corpora* para discutir os significados das palavras será feito sempre na correlação textual — o emprego de determinadas palavras em determinados contextos.

A parte exclusivamente verbal do texto da CE "Classes sociais e o voto" (Quirino, 2006a) será apresentada, a seguir, para colaborar com as análises, porém, é relevante ver a CE na internet no *site* indicado (www.charges.com.br).

---

15 O conhecido termo "engavetar processos" é registrado verbalmente e representado graficamente em uma charge eletrônica na qual um ex-presidente segura uma porta que está quase se abrindo devido à quantidade de processos acumulados. De "engavetar", vinculado principalmente à gaveta de uma mesa, passa-se à "porta de uma sala" (ver Quirino, 2006b, disponível no *site* www.charges.com.br; situação vinculada ao governo do ex-presidente Fernando Henrique Cardoso).

16 Referente a pagamentos mensais a deputados realizados de maneira irregular (situação vinculada ao governo do ex-presidente Luiz Inácio Lula da Silva).

A série "Entendendo as Eleições 2006" apresenta: Classes sociais e o voto
CLASSE BAIXA — Acabar com a roubalheira, nenhum deles vai. Então eu estou com o Lula. Porque eu acho... Acho não, tenho certeza de que ele vai ser bom, mas muito bom mesmo, pra nós!
CLASSE MÉDIA — O escândalo do mensalão poderia ter ajudado a limpar o Brasil Mas foi só a investigação contra os petistas alcançarem... ...também os tucanos e o que a gente viu foi uma pizza vergonhosa, que se repete agora com os sanguessugas, que têm suspeitos na situação e na oposição! Então não dá pra votar no Alckmin, nem no Lula! Muito menos nos candidatos nanicos ou na esquerda radical e ideologicamente ultrapassada! Francamente, não sei o que fazer! Não quero anular o voto porque seria omissão, mas como cidadã eu...
CLASSE ALTA — Acabar com a roubalheira, nenhum deles vai. Então eu estou com o Lula ou com o Alckmin. Porque eu acho... Acho não, tenho certeza de que eles vão ser bons, mas muito bons mesmo, pra nós!

Trabalhando com o texto, destacamos os termos: "Mensalão" e "sanguessugas". No primeiro caso, trata-se de criação de uma palavra; por extensão de sentido, a palavra mensalidade[17] é reconfigurada com exagero usando o sufixo *ão* para "mensalão". Dessa forma, o vocábulo criado representa um aumentativo, com isso acentuando a compreensão de um alto valor que se receberia mensalmente. A aplicação dessa nomenclatura aconteceu na denúncia de que pessoas diretamente ligadas ao governo Lula estariam pagando para deputados(as) votarem de acordo com os interesses do governo eleito, mas, além desse problema, outros correlacionados (de mandatos anteriores, inclusive em nível estadual) foram alvos de investigação. Uma Comissão Parlamentar

[17] Nesse caso, ocorre a significação de pagamento ou recebimento mensal de dinheiro e também se associa à mesada.

de Inquérito (CPI) foi criada para averiguar a denúncia e assim foi designada: "CPI do Mensalão". Independente do resultado das investigações, o termo foi amplamente utilizado e foi inequivocamente relacionado à corrupção. Mesmo quem negava a possibilidade de a denúncia ser verídica dizia que o "mensalão" não existiu, ou seja, empregava a designação.

O termo "sanguessugas" refere-se a parlamentares que estariam envolvidos(as) em fraudes no sistema público de saúde, principalmente na utilização de emendas orçamentárias para a compra de ambulâncias superfaturadas para prefeituras e recebimento de propinas por essas operações. A palavra também foi usada para nomear uma investigação: a "CPI dos sanguessugas". Em uma relação metafórica com o animal, as pessoas envolvidas passaram a pertencer à "máfia dos sanguessugas".

A expressão "limpar o Brasil" remete à sujeira, mas o termo é amplo. Há a conotação de "sujeira sob o tapete", vinculada à aparência da limpeza. Nesse sentido, o caro financiamento privado de campanhas sustenta partidos em um "jogo sujo". Empresas financiam partidos e são beneficiadas por vantagens que também retornam a políticos por meio de propinas.

Destaque-se a negatividade das escolhas lexicais. Os termos "roubalheira", "nenhum", "escândalo", "pizza vergonhosa", "sanguessugas", "anular" convergem para a prática política, situando o discurso a partir do viés da contestação da mesma, em razão da não aceitação. Por outro lado, há conclusões divergentes: "Acho não, tenho certeza de que ele(s) vai(vão) ser bom(bons), mas muito bom(bons) mesmo, pra nós!".

Nesse ponto, a crítica se volta para eleitores(as) das classes baixa e alta que receberiam "benefícios" e, assim, sustentariam a relação de poder. Nesse nível de análise, o sistema hegemônico pode estabilizar as relações de dominação e poder por meio de um "acordo tácito" entre políticos e eleitores(as). Um futuro governo daria a "dominantes" e "dominados(as)" vantagens positivamente avaliadas, enquanto um outro beneficiaria mais "dominantes" do que “dominados(as)”. Assim, o sistema seguiria seu fluxo, em detrimento da primazia do crescimento do país para o benefício de todo o povo com o combate efetivo de nossa grave desigualdade social.

3.4. Representação dos atores sociais

A representação dos atores sociais é relevante para o processo analítico por permitir identificar papéis, perceber em quais enquadres os(as) participantes estão posicionados nos textos; quais estão presentes e quais deveriam estar; discutir os possíveis efeitos das formas de representação, inclusive as que incluem atores nos textos e as que, de maneira explícita ou sub-reptícia, os “excluem”.

Fairclough (2003) sugere algumas maneiras por meio das quais se pode observar a representação de atores sociais[18]. Apresentamos, a seguir, uma exemplificação na figura 7:

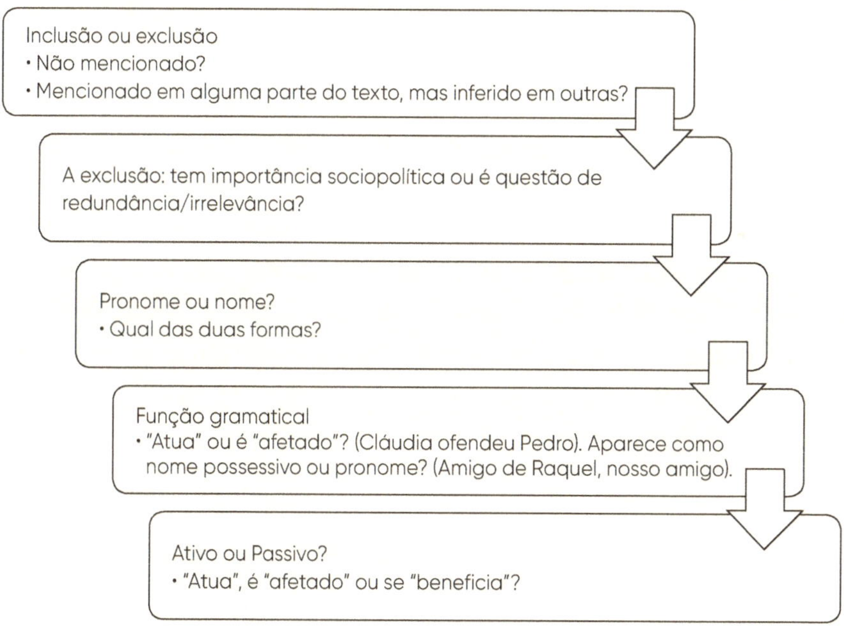

Figura 7: Representação de atores sociais.

---

[18] A tradução como “representação de agentes sociais” (empregada em Bessa, 2014) não se vincula a masculino genérico e destaca a ação social das pessoas (“agentes”). Neste capítulo, será mantida a tradução usual.

Fairclough (2003) também indica que Van Leuween (1997) apresenta diversas outras variáveis. Van Leuween (1997, 2008) faz uma discussão mais ampla sobre o tema, enfocando perspectivas sociológicas, críticas e linguísticas e apresenta um quadro por ele nomeado de "rede de sistemas" da representação dos atores sociais no discurso. A exclusão e a inclusão de agentes sociais são os elementos iniciais do sistema que se subdividem e ramificam. Nessa rede, estão englobadas e pormenorizadas as variáveis sugeridas por Fairclough (2003).

A representação dos atores sociais mostra-se produtiva, por exemplo, na análise das CEs em tela por focalizar um processo eleitoral no qual candidatas, candidatos e respectivos partidos/coligações disputavam a preferência do eleitorado. A forma como esses atores figuram na CE "Classes sociais e o voto"[19] será observada a seguir.

Dois homens e uma mulher representam estratos da sociedade por meio de classificação genérica ("classe baixa", "classe média", "classe alta"). Ocorre, assim, uma referenciação impessoal, resultado de uma estereotipia[20]. O pronome pessoal "eu" é um identificador de cada personagem, pois para a função que eles exercem no texto não havia necessidade de nomeá-los. Nesse sentido, o "eu" genérico equivale à utilização de "nós" e "a gente" no mesmo texto, porque é um "eu" do estereótipo, representando cada classe como um todo. O uso de "a gente" tanto pode ser restrito à "classe média", quanto generalizado a todas as classes, considerando que os fatos citados (o "escândalo do mensalão" e da "pizza vergonhosa") tiveram ampla divulgação.

Todos os candidatos e todas as candidatas são classificados(as) por meio de: "Nenhum deles". Esses termos generalizam a impossibilidade de se "acabar com a roubalheira", utilizando o pronome indefinido "nenhum", ao mesmo tempo em que o circunscreve no âmbito

19 Quirino (2006a). Disponível em www.charges.com.br.

20 Os personagens estão representando suas respectivas "classes" com base em estereótipos estabelecidos socialmente, por exemplo, a classe alta é representada por um personagem que seria um banqueiro.

da disputa presidencial. Assim, o pronome pessoal "eles" (depreendido da contração: de + eles = deles) faz referência catafórica[21] aos atores sociais — políticos —direta ou indiretamente mencionados ao longo do texto.

"Lula" e "Alckmin" são nomeados na CE. Com certeza, o fato de estarem, à época, em primeiro e segundo lugares nas pesquisas de intenção de voto foi determinante. Na fala da "classe média", eles também são referenciados via classificações (Lula — "petistas", "situação"; Alckmin — "tucanos", "oposição"), por meio das quais se estabelecem pontos de vínculo com a corrupção ("mensalão", "sanguessugas") e impunidade ("uma pizza vergonhosa"), inviabilizando o recebimento do voto. No entanto, eles terminam se fortalecendo pelo desejo da "classe média" de não ser omissa. Textualmente é dito que "não dá pra votar no Alckmin, nem no Lula, muito menos" nos demais. Os outros seriam opções piores ou "não seriam opção", favorecendo assim as candidaturas com maior intenção de voto naquele momento.

A eleição presidencial de 2006 teve duas candidatas e seis candidatos. Cinco desses nomes são classificados como "nanicos", numa generalização engloba, em um mesmo grupo, as candidaturas que obtinham um pequeno percentual nas pesquisas eleitorais. Um dos efeitos ideológicos desse tipo de classificação, considerando também o enunciado em que se encontra, é o de "cristalização" de tendências. Ora, se as intenções indicam poucas possibilidades de disputa dessas candidaturas e elas são tachadas de nanicas, passa-se a ideia de que a reversão é implausível. Por seus efeitos construtivos, a intenção de voto "garante" antecipadamente o resultado final. Seria diferente se os termos fossem "candidatos com baixa intenção de voto". No texto, os "nanicos" não "estão" nanicos, "são" nanicos — não se trata de uma circunstância; é uma questão de classificação por meio do nome designativo.

---

21 Catáfora como termo ou locução que se refere a algo que virá na sequência textual em contraposição à anáfora, que se refere a algo registrado anteriormente no texto. A referência é catafórica na fala do personagem da "classe baixa". Diferentemente, em relação à fala do personagem da "classe alta", já na parte final do texto, a referência é anafórica.

Diante dessa realidade, até o espaço democrático de debate é reduzido, pois as emissoras de TV, por exemplo, abrem maior tempo e exposição aos candidatos e às candidatas bem classificados(as) nas pesquisas. A tese de que "a melhor candidatura é aquela com mais chances de vencer", combinada com a manutenção de práticas eleitorais discriminatórias, fortalece as estruturas de poder e inviabiliza possibilidades de mudança.

A representação da "esquerda radical e ideologicamente ultrapassada" pode referir-se também ao candidato Rui Costa Pimenta, mas é mais provável que o grupo nominal remeta principalmente a Heloísa Helena, uma vez que ela estava em terceiro lugar nas pesquisas e com índices nem tão pequenos na época, 12% (o segundo lugar tinha 21 pontos percentuais e o candidato Rui Costa tinha menos de 1%)[22].

Os termos que levam à representação de Heloísa Helena são depreciativos e sua candidatura é carregada de um sentido anacrônico ("ideologicamente ultrapassada") e politicamente "inadequado" (radical). Todas as discussões e propostas de ação de um processo de candidatura, do qual participaram pessoas fortemente engajadas contra a corrupção e que não eram alvo de acusações de desvios, são reduzidas, negativamente adjetivadas. Esses sujeitos são praticamente eliminados por meio de mecanismos discursivos e sociais. Candidatos e candidatas da terceira posição em diante, nas pesquisas, foram "incluídos" no texto para serem "excluídos" da eleição.

Diante dessa CE, restaria aos eleitores e às eleitoras o niilismo, a perda da crença e convicções, ou a busca de interesses individuais ou da classe a que pertencem. O texto tem a característica de dar visibilidade a questões de classe social num período em que o determinismo econômico é forte (mas não é o único). Embora a provocação à reflexão esteja presente, há um enfraquecimento nas aberturas para a mudança. Parece que tudo está dado e não há o que fazer — o que não é verdade.

---

[22] Pesquisa Ibope/Rede Globo divulgada no Jornal Nacional em 18 de agosto de 2006.

O fatalismo e a situação "inevitável", com enfraquecimento do poder estatal, são parte do projeto neoliberal de formação de blocos econômicos. Uma vez representados os discursos que estavam na superfície do debate político, temos na CE um retrato enviesado da opinião pública. Desqualificar políticos que poderiam combater o sistema também é uma das formas de manipulação ideológica de "expurgo do outro". Assim, a "constatação" de um quadro ruim leva a população ao conformismo e à falta de agência para a mudança.

3.5. Interdiscursividade

Considerando a complexidade das sociedades atuais e a multiplicidade de discursos (que se diferenciam, mas que também se mesclam — modificando-se ou propiciando a criação de novos discursos), é importante na ADC tratar da análise da interdiscursividade — a combinação de diferentes discursos (Fairclough, 2001, 2003; Chouliaraki e Fairclough, 1999).

Diferentes discursos estão relacionados, por exemplo, a diferentes posições de pessoas no mundo e a diferentes formas de relações entre pessoas. Dessa forma, disputas por poder, dominação, competição, cooperação, desejo de mudança são recursos discursivos socialmente diferenciados.

Para identificar e analisar discursos como "representação"/"construção" de aspectos da vida social, Fairclough (2003/2009) sugere levar em conta o grau de repetição de determinado discurso, bem como uma relativa estabilidade ao longo do tempo e sua identificação/correlação com determinados grupos de pessoas. Uma palavra ou frase[23] podem remeter a determinado discurso, mas não o fazem por si sós, é necessário atentar ao texto/contexto para chegar a essa conclusão — as relações semânticas estabelecidas colaboram com essa tarefa. O autor salienta também que não há um discurso homogêneo, por exemplo: o "discurso neoliberal"[24] guarda uma série de

---

23 Elementos não verbais também podem colaborar para a identificação de discursos.

24 A palavra "neoliberal" tanto pode se relacionar ao "discurso capitalista" quanto ao "discurso coletivista", com diferentes pontos de vista. É a relação semântica que orienta a identificação.

características comuns, porém nem todas as nuances desse discurso são iguais na vida política.

Qualquer texto é constituído de diferentes discursos. Mesmo aqueles que aparentemente apresentam um único discurso guardam relação implícita com um outro, inclusive com discursos antagônicos. Eles existem nas relações das práticas sociais e dessa maneira coexistem, em uma perspectiva analítica, no campo discursivo — interdiscurso.

Segundo Fairclough (2003), diferentes discursos podem ser identificados por itens lexicais e relações entre itens lexicais, bem como por relações metafóricas. Como exemplo, em "Classes sociais e o voto"[25], há o discurso da estratificação econômico-social[26]; o discurso da corrupção; o discurso da cidadania e o discurso da impunidade. Algumas marcas textuais dos discursos encontradas de forma explícita podem ser observadas na figura 8.

Discurso da estratificação econômico-social

- Classes sociais; casse baixa; classe média; classe alta.

Discurso de corrupção

- Roubalheira; mensalão; sanguessuga.

Discurso da cidadania

- Eleições 2006; voto; omissão; cidadã.

Discurso da impunidade

- Limpar o Brasil; pizza vergonhosa.

Figura 8: Discursos de Classes sociais e o voto.

---

[25] A parte verbal desse texto está neste capítulo no item "Significado de palavras". A CE está disponível no *site* www.charges.com.br.

[26] Essa nomeação de discursos objetiva de favorecer as análises, assim como Fairclough (2003) nomeia, por exemplo, o "discurso do liberalismo".

Discursos remetem a práticas específicas. O discurso da estratificação social, por exemplo, é utilizado em censos para monitoramento de políticas públicas de promoção da igualdade e diminuição da pobreza. Esse discurso se vincula ao lado político, contudo, também é empregado em campanhas publicitárias, entre elas, as campanhas eleitorais. Ao ser evocado na CE, remonta a pesquisas de intenção de voto, que tanto pode ser desenhada por regiões como por "classes sociais".

Dois outros discursos relacionam-se diretamente: o da impunidade e o da corrupção. Uma das críticas recorrentes ao âmbito político brasileiro é a impunidade. O foco, de certa forma, é desviado da impunidade e da corrupção para o suposto favorecimento próprio de camadas estratificadas da população. Demonstra-se um fatalismo que propicia a manutenção do *status quo*.

Essa visão fatalista ante a corrupção encontra um quadro social que a sustenta. Assim, os discursos são operacionalizados em práticas situadas no tempo e no espaço. Políticos envolvidos nos casos do "mensalão" e dos "sanguessugas", por exemplo, voltaram ao Congresso via eleição. Nesse ponto, também seria um grande reducionismo dizer que é o "povo que elege os corruptos". O discurso da cidadania e o exercício do voto garantem a perspectiva do poder emanar do povo e de estarmos em um Estado Democrático de Direito. A própria CE destaca que a "omissão" não seria a atitude mais adequada.

A CE evoca a situação anterior às eleições para ilustrar/representar a frustração pela "pizza vergonhosa", que, no caso dos "sanguessugas", "se repete". Trabalha-se no texto a metáfora da pizza, do "acabar em pizza"/"terminar em pizza", uma aparência séria que termina na comemoração zombeteira da impunidade com a ingestão desse prato italiano. A expressão é tão conhecida que apenas o uso da palavra "pizza" associado à política já remete à significação completa.

Ao observar os diferentes discursos evocados no texto, vemos que as práticas das quais eles emergem estão relacionadas e constroem a ordem do discurso (aspecto semiótico das estruturas/rede de práticas) relacionada às eleições — prática política, econômica, judiciária e de cidadania. Ao demonstrar o problema social a ser combatido, a análise desenvolveu argumentações que sustentam a interpretação de que o sistema vigente (ordem do discurso) "precisa" do problema (prática política e eleitoral envolvida em corrupção e impunidade), de modo que somente uma mudança social com inserção de novos discursos emancipatórios e de novas práticas poderia causar a transformação profunda que se espera.

Vencidos os estágios de análise, resta-nos entrever formas de superar o problema, elucidando possíveis falhas na gestão das ordens de discurso e das hegemonias associadas ao problema. Os discursos delineados na CE trazem uma posição fatalista e "acomodada" ante a certeza de um destino político inadequado e prejudicial. Notamos, assim, a possibilidade de mudança pela formação identitária relacionada à agência[27]. A política de fortalecimento identitário é antagônica ao projeto neocapitalista que busca enfraquecer o Estado e dispensar o controle dos grupos econômicos, distanciando os indivíduos de suas possibilidades. Tendo em vista o quadro social não vantajoso (em razão da força do discurso neocapitalista), a proposta de politização abre espaço ao diálogo sobre mudanças políticas, como, por exemplo, uma maior publicização relacionada a políticos envolvidos em atos de corrupção e o desenvolvimento do ensino de iniciação política. Todas essas ações passam, antes, pela ação discursiva de elucidação da operacionalização do poder.

4. Considerações finais

Discutimos brevemente o emprego de categorias analíticas em ADC. É importante entender: as categorias utilizadas obedecem à exigência da natureza do *corpus*, tanto quanto a informação de que

[27] Segundo Giddens (2009), o conceito de agência é a ação emancipatória decorrente dos sentimentos de pertencimento e de habilidade. Esses sentimentos são resultado da consciência advinda da reflexividade – assimilação de novos conhecimentos.

outras categorias existem além das apresentadas. Gênero discursivo, intertextualidade, significado de palavras, representação de atores sociais e interdiscursividade foram categorias discutidas sinteticamente e acompanhadas com exemplificação e análises. A leitura dos trabalhos de Fairclough é fundamental para uma melhor compreensão conceitual, bem como para avançar no conhecimento da ADC. Será sempre produtivo utilizar outras categorias, relacionadas a outras teorias. A associação sempre encontrará apoio na análise linguística.

Por fim, ressaltamos que utilizamos conhecimentos políticos, econômicos, contextuais, além de uma vivência em práticas burocráticas que nos permitiram acessar e perceber as nuanças delicadas que envolvem práticas e discursos. Nota-se, dessa forma, a importância de o(a) analista lançar seu olhar para além do texto, alcançando o social e retornando a ele ao final de sua análise.

CAPÍTULO 7

Análise de discurso da mídia

André Ricardo Nunes Martins

1. Introdução

Uma das áreas de maior aplicação da ADC tem sido a pesquisa desenvolvida com base em textos produzidos pelos meios de comunicação de massa, especialmente os textos da imprensa em seus diversos gêneros dentro do jornalismo impresso. O material produzido por jornais e revistas em sua versão impressa ou pela rede mundial de computadores fornece a maior parte do *corpus* que embasa pesquisas sobre temas os mais variados: da política partidária a grupos minoritários, do racismo a movimentos culturais. Textos para rádio, televisão e a própria internet também integram exclusiva ou parcialmente os *corpora* de muitas investigações.

A mídia tem papel central na maioria dos países capitalistas na modernidade tardia. Nela desaguam expectativas e demandas que movimentam a sociedade. Por ela, perpassam interesses de grupos em disputa por poder político, econômico ou social. Tal conjuntura caracteriza essas sociedades como midiacêntricas, ou seja, como aquelas em que a mídia tem relevância central na construção do consenso sociopolítico. A mídia não substitui, diminui ou eclipsa o papel dos governos em todas as suas esferas. No entanto, e sobretudo pela interface da imprensa com os governos e com a própria sociedade, essa instituição torna-se instrumento *sine qua non* para a existência da democracia.

Neste capítulo, defendemos o papel da ADC como instrumento teórico-prático de investigação do discurso da mídia. Na primeira seção, vamos discutir a mídia e sua emergência na modernidade tardia. Em seguida, examinaremos exemplos de trabalho nessa área que se valeram da ADC. Na terceira seção, proporemos caminhos teórico-práticos para trabalhar textos da mídia em projetos de pesquisa em ADC. A ideia é fornecer elementos que permitam ao principiante nesse campo de investigação planejar sua pesquisa e empreender um trabalho factível e relevante. Por fim, na quarta seção, aplicaremos esse modelo em uma investigação específica de textos da imprensa.

Nosso propósito é levar o(a) leitor(a) a acompanhar passo a passo como utilizar o método em um projeto de pesquisa concreto.

2. Mídia e modernidade tardia

A mídia emerge a partir da segunda metade do século XX com a popularização da televisão. Ao abarcarem, além da TV, o rádio e a imprensa escrita, os meios de massa passaram a desempenhar um papel de fundamental relevância como instituição social e política, a face mais visível e determinante da esfera pública[1]. De todos eles, a imprensa escrita é o meio mais antigo. Modernamente, surge a partir do século XVII, com a regularidade de suas edições e seu uso pelos sistemas de produção e pelo comércio. Sua consolidação foi favorecida pelos desdobramentos do iluminismo, da alfabetização como política de Estado e dos desenvolvimentos tecnológicos.

O rádio surgiu nas primeiras décadas do século XX, agregando agilidade e versatilidade à divulgação das notícias. Trouxe consigo, de forma mais regular e envolvente, o entretenimento, o que ajudou a popularizar o hábito de ouvir rádio e, consequentemente, as notícias do rádio. Se, do jornal para o rádio, foram pelo menos dois séculos e meio, do rádio para a televisão, o intervalo foi de apenas dois decênios. A popularização dos meios — com o barateamento, a acessibilidade dos aparelhos e o crescimento da audiência — levou a diversas transformações no mundo da cultura, das artes, dos esportes, da economia e, claro, da política.

Os meios, e especialmente a televisão, são instrumentos fundamentais na construção de imagens que representam os grupos sociais e os atores em disputa na esfera pública. Esse espaço de confronto, de construção e desconstrução do consenso social não é apenas um sucedâneo da *ágora* dos gregos acrescida dos desenvolvimentos tecnológicos. A conjuntura na qual ingressamos desde fins do século XX tem sido chamada de modernidade tardia (pós-modernidade, para alguns), caracterizada pela emergência de mudanças de ordem tecnológica, econômica e sociocultural.

---

1 N. Fairclough (2003: 144) recorre a Habermas, usando o conceito de esfera pública como "uma zona de conexão entre os sistemas sociais e o 'mundo da vida', o domínio da vida cotidiana, em que as pessoas podem decidir sobre questões sociais e políticas como cidadãos e, em princípio, influenciam as decisões quanto a políticas públicas".

Modernidade tardia implica mudanças na mentalidade, nos parâmetros culturais do mundo ocidental. M. Featherstone (1997) mostra como esses novos tempos são marcados por quatro características: em vez de ambições universalísticas das narrativas mestras com ênfase na totalidade, no sistema e na unidade, a valorização do conhecimento local, da fragmentação, do sincretismo, da "alteridade" e da "diferença"; o desapego às hierarquias simbólicas e aos julgamentos canônicos de gosto e de valor, desprezando-se a distinção entre alta cultura e cultura popular; a perspectiva de impingir estética à vida cotidiana e a descentralização do sujeito.

Concomitantemente a essas mudanças, a modernidade tardia também foi se configurando com o impacto de outros processos como a globalização e as transformações no capitalismo. A globalização — viabilizada pelos avanços tecnológicos e pelo forte intercâmbio e intensas trocas comerciais entre os países — transformou o mundo definitivamente — como já Marshall McLuhan (1977) prenunciava ao legar-nos o conceito de *aldeia global* em razão do advento das tecnologias ainda na década de 1960 (sobretudo a televisão e a comunicação via satélite). Segundo ele, a interligação pelos meios de massa transformaria o mundo inteiro numa aldeia, ao encurtar distâncias e propiciar à população mundial algo parecido com convivência de moradores de uma mesma localidade.

O capitalismo, por sua vez, sofre transformações, entre as quais o crescimento das organizações transnacionais, a tendência à desregulamentação nas relações de trabalho, o enfraquecimento do poder dos governos nacionais, a popularização das tecnologias de comunicação como o computador, o correio eletrônico e a internet; o fortalecimento dos blocos de países de base econômica e/ou política como a União Europeia, o Nafta, o Mercosul e a Apec; as fusões de megaempresas e a emergência do capital especulativo financeiro. Na base desse processo, impõe-se a liberalização econômica, com o abandono gradativo de barreiras tarifárias e uma abertura ao fluxo internacional de bens, serviços e capitais.

Ora, todas essas mudanças na economia, nas relações entre nações e sociedade e na cultura impactaram a esfera pública e o modo como a mídia interage para a produção do consenso social. Mais que nunca, o discurso tem papel cada vez mais relevante em meios onde antes prevalecia tão-somente a força do dinheiro ou das armas.

Fairclough (1995: 10) observa que a linguagem contemporânea usada na mídia move-se entre dois pares de tensão. Um deles é a tensão entre informação e entretenimento. Outro polo de tensão dá-se entre público e privado. Essas tensões são sintomas de duas tendências: uma, a de que assuntos públicos na mídia assumam, de forma crescente, um caráter conversacional; outra tendência é a de se mobilizar, cada vez mais, na direção do entretenimento. Essas mudanças refletem fortemente os interesses de mercado.

Segundo L. Chouliaraki e Fairclough (1999: 4), a conjuntura contemporânea se caracteriza por mudanças econômicas, sociais e culturais, que "existem tanto como discursos quanto como processos que estão ocorrendo fora do discurso e são substantivamente formados por esses discursos". Os dois, no entanto, ressalvam: não se trata de reduzir a vida social ao discurso, o que seria um equívoco, mas de tomar o discurso como um momento da realidade social ao lado de outros.

O discurso é momento da realidade, assim como o poder e também as relações e práticas sociais, crenças/valores/desejos e instituições/rituais. A interação entre discurso e outros momentos da realidade dá-se de forma dialética. Assim como o discurso interioriza outros momentos, também é interiorizado por eles, sem que se possa dizer que uns se reduzem aos outros.

Diante desse quadro, os meios de massa, aliados à internet, particularmente às redes sociais, tornam-se um cenário de disputa de sentidos e de construção de consenso social. Para além da informação e de suas versões, dos dados e de sua interpretação e do entretenimento veiculado pela mídia, imagem e prestígio social são elaborados e reelaborados e têm impacto no processo social. O que vale para governantes e parlamentares, vale também para igrejas e ONGS, partidos e associações, elites e minorias.

Assim como o ser humano desde sempre se viu obrigado a viver em comunidade em vez de isoladamente, nesses últimos tempos, recorrer à mídia como fonte de informação e de expressão de ideias e sentimentos é contingência da qual não se pode escapar. Mesmo quem, por alguma decisão de ordem filosófica, religiosa, de foro íntimo etc., opta por ignorar a mídia, não pode evitar que sua imagem ou a de seu grupo ou informações a seu respeito sejam comentadas e discutidas por esses meios.

Nesse contexto, a ADC torna-se instrumento eficaz e privilegiado para o exame do discurso construído e propagado pela mídia. Firmada também em sua perspectiva transdisciplinar, ajuda a lançar luz sobre fenômenos sociais complexos — objeto de estudo de diversas áreas do conhecimento — que têm sido profundamente impactados pelas mudanças trazidas pela modernidade tardia. Chouliaraki e Fairclough (1999: 2) defendem que contribuições teóricas distintas podem ser postas para atuar no desenvolvimento de outra teoria. A operacionalização desse processo é possível em razão do reconhecimento dessa perspectiva transdisciplinar. Assim, uma teoria pode contribuir para a construção de outra, sem se reduzirem mutuamente.

O objeto de estudo nas ciências sociais é a vida social textualmente mediada: as diversas práticas implicam textos. Por sua vez, as práticas são formas de produção da vida social localizadas em uma rede de relações com outras práticas. Tais relações determinam sua constituição e apresentam-se dotadas de um caráter reflexivo. Os participantes dessas práticas acabam por produzir representações dessas práticas como parte daquilo que fazem. O discurso aí implicado envolve o verbal, a linguagem propriamente dita, e o não-verbal, a imagem.

Teun van Dijk (2003) considera que o discurso da imprensa é um dos tipos de discurso de elite. Examiná-lo, portanto, é um dos caminhos privilegiados na investigação dos mecanismos pelos quais a linguagem é usada em prol de determinado segmento social ou em favor de alguma perspectiva específica. Observamos em outro trabalho como a imprensa participa — tais como as demais instituições da mídia — da formação do consenso político que permite a reprodução do poder na sociedade, tendo papel preponderante nesse processo (Martins, 2011). As notícias permitem uma representação do mundo por meio da linguagem. Trata-se de uma construção, "não de um reflexo dos fatos, isento de valor" (Fowler, 1991).

3. As múltiplas possibilidades da análise de discurso crítica e a mídia

É em razão da relevância da mídia na contemporaneidade e de sua interseção com os diversos processos políticos e sociais de uma sociedade que o exame de seu discurso torna-se tão prioritário quando se pretende conhecer a fundo os problemas sociais ou os desafios enfrentados pelos países, pelas sociedades ou grupos minoritários que os constituem. Do sexismo ao racismo, da luta de grupos minoritários por liberdade, espaço político e acesso a bens materiais e simbólicos aos movimentos relacionados a gênero e sexualidade, de conjunturas de opressão a contextos religiosos, educacionais, profissionais e midiáticos de um modo geral, os analistas do discurso têm investigado um conjunto de fenômenos sociais e políticos até então inexplorados, ou ventilados de forma muito restrita pelos pesquisadores no campo da linguagem.

Esses processos discursivos diversos podem ser examinados à parte dos meios de massa, uma vez que práticas e textos a eles referentes são elaborados e veiculados em contextos próprios que, ainda que recorram à exposição midiática, independem dela. Cabe aos analistas, verificando o tipo de fenômeno que desejam investigar e as condições disponíveis para a pesquisa, decidir com o que vão efetivamente trabalhar. É claro que a investigação pode se concentrar exclusivamente em um dos processos discursivos que citamos, assim como também pode se ampliar para duas ou mais frentes. Por exemplo, quando se busca estudar o feminismo, pode-se trabalhar com o discurso presente nas práticas discursivas de grupos feministas, o discurso político-parlamentar ou o governamental relacionado e ainda o discurso da mídia sobre o tema.

Valer-se da ADC para examinar o discurso midiático ou, mais especificamente, o discurso da imprensa abre-nos inúmeras possibilidades. Inúmeros trabalhos têm sido produzidos com os mais diferentes enfoques. Com a ADC, esses fenômenos foram valorizados sob a perspectiva de intervenção da linguagem, tendo como recorte o uso social da linguagem. Vejamos alguns exemplos de pesquisas de analistas do discurso que têm investigado fenômenos sociais e políticos na sociedade brasileira.

Décio Bessa (2009, 2013, 2014) tem usado a ADC para estudar o discurso da mídia sobre as populações em situação de rua. O discurso da violência na imprensa foi analisado por Maria Aparecida Resende Ottoni (2013). E a corrupção foi alvo do interesse de Maria Lílian de Medeiros Yared (2013). Num estudo marcado por um forte viés histórico e identitário, Maria Cecília de Lima (2013) junta ADC e imprensa para examinar as representações de negros na mídia impressa do século XX.

Iran Ferreira de Melo (2013) investigou o ativismo LGBT (sigla usada para designar o segmento de *gays*, lésbicas, bissexuais e transgêneros que lutam por reconhecimento social e por direitos) na imprensa brasileira. A pesquisa teve por base textos da *Folha de S.Paulo*, notícias publicadas entre 1997 e 2012 referentes à Parada do Orgulho Gay — evento que busca dar visibilidade social e política e fortalecer a luta dessa minoria. O autor propôs-se a descrever e interpretar os recursos do léxico e da gramática "potencialmente capazes de produzir representações dos atores envolvidos na Parada", dando especial destaque à população LGBT, buscando compreender a construção de sentidos gerada a partir dessas representações.

Na dissertação *O poder no discurso: choque de identidades em entrevistas jornalísticas* (Universidade de Brasília, 2007), André Lúcio Bento analisou a relação entre poder e discurso, a partir do ângulo das construções identitárias. A investigação priorizou estratégias discursivas que permitem aos sujeitos o exercício do poder, "lugares" e "movimentos" que os sujeitos ocupam e realizam no discurso.

Bento concluiu que as estratégias que possibilitam ao sujeito a construção identitária para o exercício do poder por meio do discurso são:

(i) uso de diversas vozes;
(ii) uso da modalidade categórica;
(iii) interrupção do controle interacional;
(iv) inversão do controle de tópicos;
(v) uso dos modos de operação da ideologia: legitimação e dissimulação;
(vi) uso preferencial pelas sequências do pré-gênero argumentação.

Ao investigar que lugares, no discurso, são ocupados pelos sujeitos da interação para marcar suas identidades em relação ao poder, Bento identificou quatro:

(a) autointerlocução;
(b) sujeito-nação;
(c) dupla posição;
(d) sujeito-instituição.

4. Análise de discurso crítica, textos midiáticos e possibilidades teórico-práticas

Há infinitas possibilidades de usar a ADC no exame do discurso da mídia, especificamente seus textos. Nosso propósito aqui é fornecer um modelo de abordagem teórica e metodológica básico que inspire pesquisadores iniciantes. A percepção desse(a) pesquisador(a), sua sensibilidade frente à conjuntura social e aos diversos fenômenos em curso, sua carga de leitura sobre determinado fenômeno são variáveis que, com maior ou menor intensidade, podem explicar por que esse e não aquele fenômeno será escolhido para o desenvolvimento da pesquisa.

O exame do que leva alguém a se decidir por determinado tema daria, em si, uma boa pesquisa, mas foge ao escopo deste capítulo. Baseados nos interesses apontados pelo(a) pesquisador(a), é preciso delinear o que se pretende executar e isso deve começar pelo tópico a seguir:

(i) ***Um tema a investigar*** — O pesquisador deve ter claro o que pretende investigar, sabendo logo de antemão que nem todo tema cabe numa pesquisa fundamentada na ADC. Quando se trabalha com linguagem, uma infinidade de assuntos em diversos campos surge à mente: das mudanças lexicais à variação linguística, de aspectos fonéticos e fonológicos a aspectos semânticos, da morfologia à pragmática. Ora, vê-se logo que assuntos com esses recortes não são apropriados à pesquisa focada na ADC. Por seus pressupostos, por seus princípios, a ADC prioriza temas da realidade social que implicam relações de desigualdade, distribuição ou partilha de poder desigual e injusta, opressão, manipulação ou disputa pelo controle da ordem política e econômica em detrimento da sociedade ou de minorias ou segmentos sociais específicos.

Assumamos que analistas de discurso críticos selecionam contextos sociais ou aspectos da conjuntura marcados pela opressão, domínio, controle em cujo *modus operandi* nota-se uma disputa de sentidos, de cunho ideológico, uma luta pelo poder. Assim, toda situação ou fenômeno em que a linguagem é posta para trabalhar de modo a favorecer essa ou aquela sociedade ou, no interior de uma sociedade, esse ou aquele grupo social, torna-se um contexto típico para a pesquisa baseada em ADC.

O leque de temas é, de fato, infinito, consoante o dinamismo de nossas sociedades complexas e em constante mudança. A opressão política contra minorias, as desigualdades de ordem racial, de gênero, de orientação sexual, as disputas no campo da religião, as apropriações desiguais no campo da economia e dos recursos naturais, dos bens materiais e simbólicos, a manipulação das ciências e tecnologias com vistas à disputa de poder suscitam "n" possibilidades de temas passíveis de serem abarcados pela ADC.

(ii) ***Que material trabalhar?*** — Se por um lado, a ADC faz restrições no tocante à seleção de temas e tópicos apropriados à investigação, o mesmo não se dá quanto ao tipo de material a ser trabalhado. Desde que a matéria-prima seja a linguagem — verbal, isoladamente, ou associada à linguagem não-verbal — tudo está em seu campo de abrangência. Documentos oficiais como leis, decretos, portarias, entre outros, discursos, entrevistas, debates, pronunciamentos, reportagens, artigos, peças publicitárias, material das artes cênicas, musicais, teledramaturgia, espetáculos diversos, enfim, tudo o que possua materialidade discursiva torna-se elegível para compor um *corpus* de investigação.

Não obstante ser livre na busca do tema e do material a trabalhar, o(a) analista deve levar em conta que é preciso definir parâmetros para orientar sua pesquisa. Se a opção forem textos da mídia, isso não quer dizer que se deva ou seja possível selecionar textos de todos os tipos de mídia. Aliás, até mesmo por questões de ordem prática, isso não é sequer razoável. Então, temos aí textos de emissoras de rádio e TV, de jornais diários, de revistas semanais de informação, sendo que esses podem ter ou não conteúdo específico para a internet e textos produzidos exclusivamente para páginas na internet.

A opção de qual meio selecionar — se todos (uma decisão nada aconselhável) ou uma combinação de dois ou três desses meios — deve levar em conta em qual mídia aquele fenômeno fez-se ou faz-se mais relevante, em qual delas o impacto é ou foi maior. Afora isso, a questão do meio deve se dar paralelamente a outras, tais como a seleção do *corpus*, o período de publicação dos textos a serem selecionados, a opção de analisar linguagem não-verbal (gestos, imagens em movimento, fotografias, charges etc.). Um recorte muito abrangente pode gerar uma quantidade tão grande de textos que, na prática, inviabiliza a pesquisa dentro dos prazos com que normalmente se trabalha.

(iii) ***Uma abordagem inicial (ou a necessidade de um pré-projeto)***[2] — Um projeto de pesquisa não nasce da noite para o dia. É neces-

[2] Em contexto acadêmico, o pré-projeto é pré-requisito em várias situações. Se for o caso, sua elaboração equivale ao que chamo aqui de abordagem inicial. Do contrário, se não for exigida a elaboração de um pré-projeto, torna-se necessário um planejamento da proposta de pesquisa com um trabalho prévio e avançado de interpretação e análise de alguns dos textos

sário examinar adequadamente se o fato é relevante, se há dados disponíveis a considerar, se a investigação como um todo está bem fundamentada. Nesse percurso, o pesquisador deve recolher textos, examiná-los, estudar a questão em seu contexto mais abrangente e vinculá-la à base teórica da pesquisa.

É nesse momento que essa relevante decisão deve ser amadurecida: com que meio trabalhar e como isso será feito? Ora, o pré-projeto vai demandar também uma discussão inicial sobre os métodos de pesquisa, se apenas qualitativos — imprescindíveis em toda pesquisa em ADC — ou se também quantitativos, numa combinação que tende a fortalecer a investigação. Já nesse momento, cabe também formular questões de pesquisa que passem a nortear o trabalho. Independentemente de ser uma exigência da instituição à qual o analista pertence e responde, o pré-projeto faz uma demonstração da exequibilidade da investigação — desde os aspectos já aqui mencionados até a definição para a execução de um cronograma de atividades. Na leitura, digamos, avançada, o analista terá observado aspectos discursivos recorrentes nos textos. É a identificação, interpretação e análise desses aspectos ou marcas linguísticas que animam a pesquisa.

(iv) ***Marcas linguísticas e discursivas (ou a materialidade da pesquisa)*** — O que, no texto, pode se constituir em marca linguística ou discursiva? Aspectos linguísticos como usos do léxico, o emprego da negação, da retórica (figuras de linguagem, por exemplo), o emprego de formas verbais, de advérbios modalizadores e da modalidade de uma forma geral, entre outros. O que vai determinar sua relevância e a importância de destacá-las e examiná-las? Dois aspectos contribuem para isso: a vinculação dessas marcas com o fenômeno estudado e a regularidade ou frequência dessas marcas nos diversos textos selecionados. A regularidade caracterizará o processo discursivo como um todo.

Claro está que marcas linguísticas são também marcas discursivas, mas quando as destacamos como algo específico, queremos realçar

---

do *corpus* selecionado. Essa abordagem prévia pode ajudar na modificação de alguns tópicos ou no aperfeiçoamento das estratégias do método.

aspectos que, no conjunto, cooperam para fixar sentidos próprios e relevantes naquele processo discursivo. Embora tenham sua materialidade no texto, essas marcas ganham realce no conjunto do processo discursivo e na sua vinculação com o contexto social mais abrangente. São aspectos como a pressuposição, os implícitos e, no caso do jornalismo ou dos textos da mídia, o emprego do título (do léxico ao destaque dado), o emprego de texto explicativo (*box*), gráfico, tabela, foto e legenda.

(v) ***Um tempo definido*** — Quando falamos de tempo definido, não estamos tratando do cronograma para execução da pesquisa, embora isso também seja relevante; a questão em apreço aqui é o período de coleta dos textos do *corpus*. A depender da ocorrência do fenômeno, do material encontrado ou de sua acessibilidade, o(a) analista deve selecionar um período determinado para a coleta do material: uma semana, um mês, um ano, dois anos, cinco anos... O tipo de meio, dos textos examinados e sua periodicidade devem concorrer para essa definição. Por exemplo, se o objetivo é trabalhar com revistas ou programas semanais, limitar a coleta do material a um mês pode ser contraproducente, já que só se terão quatro ou cinco edições. No entanto, a opção metodológica pode ser razoável se o fenômeno examinado for um fato político ou determinada crise que teve início, meio e fim em apenas um mês ou quinze dias. Outra variável seria a combinação de textos de veículos distintos em que a ocorrência menor de textos de um é compensada pela ocorrência maior em outros. O importante é que a decisão do(a) analista tenha por base uma opção segura e conveniente do período que está sendo examinado e que isso coopere para o bom desenvolvimento da investigação.

(vi) ***Interpretação e análise*** — Definido e coletado o *corpus*, é hora de examinar cada texto, identificando marcas linguísticas, os sentidos apontados e sua relevância. Cada texto deve ser devidamente interpretado. A investigação deve contar com tabelas em que as marcas linguísticas serão identificadas, quantificadas e às quais o(a) analista irá recorrer constantemente para consultar a frequência e relevância das marcas apontadas e dos sentidos construídos. Na interpretação, as marcas linguísticas e discursivas são examinadas e cotejadas tendo por referência o processo discursivo; na análise, o fenômeno é estudado e visto sob a perspectiva desse processo discursivo aliado a um exame mais abrangente da realidade social.

O fenômeno em foco é visto sob a base teórica que anima a investigação. A abordagem teórica pode se limitar a um campo específico do conhecimento ou se expandir para um tratamento multidisciplinar. Da mesma forma como na execução do método é preciso fazer escolhas, o mesmo ocorre em relação à fundamentação teórica. É preciso considerar trabalhos anteriores sobre aquele fenômeno específico ou próximos a ele e qual a base teórica desses trabalhos. Nada impede que, ao longo da pesquisa, uma ou outra abordagem teórica sejam acrescidas ou descartadas tendo o(a) pesquisador(a) muito claro o porquê dessa ou daquela opção teórica e da mudança empreendida.

A análise é a etapa seguinte à interpretação dos textos. Ela implica o exame mais abrangente da realidade social. A base teórica deve conduzir esse acercamento. Buscar-se-á um diálogo entre a interpretação dos textos do *corpus* e a conjuntura social em que se dá o fenômeno estudado. Essa etapa exige muita reflexão sobre o processo social e, especificamente, sobre o processo discursivo. Há aspectos mais evidentes que outros, por isso é preciso ter cautela, paciência e perspicácia para buscar e apontar o que está mais encoberto pela operação ideológica na construção de sentidos nesse processo. Temos de saber reconhecer os limites do trabalho, não forçar a interpretação, fazer os ajustes necessários para que a pesquisa esteja de fato bem ancorada nos textos examinados e na base teórica.

Exemplifico com a investigação que realizamos para nosso doutoramento. Ao estudarmos o discurso da imprensa sobre a política de cotas para negros na universidade, identificamos fenômenos como o racismo e, dentro desse campo, as políticas de ação afirmativa. Além disso, também examinamos aspectos como a instituição imprensa e sua relação com a sociedade e a questão das minorias e sua imagem na imprensa.

Uma análise desse processo discursivo não sairia a contento se não abarcássemos o exame desses fenômenos e, para isso, não poderíamos nos restringir tão somente ao que os textos apontavam. Tornou-se necessário tomar por base as teorias que explicam esses fenômenos e sua relevância. E foi na caminhada da pesquisa que essas novas demandas foram surgindo. Portanto, uma boa dose de flexibilidade é aconselhável para que opções de ordem teórica e de método não se façam aleatórias ou arbitrárias, mas que sejam, ao contrário, devidamente justificadas.

5. Um exemplo

Vamos trabalhar aqui um exemplo de pesquisa baseada em ADC. Para isso, escolhemos o gênero jornalístico *cartas do leitor* (também chamadas de *cartas ao editor*), ou seja, as manifestações enviadas à redação pelos leitores, provavelmente provocadas pela leitura de alguma reportagem, artigo, editorial ou até mesmo em resposta a alguma manifestação de outro leitor. O discurso veiculado nessa seção da imprensa escrita não é de responsabilidade de jornalistas. A eles cabe a edição do material, já que comumente as manifestações são publicadas de modo resumido e vinculadas a algum tema.

Alguém pode questionar: ainda assim, devem ser tomadas como um gênero midiático? Certamente. O gênero *cartas do leitor* deve ser classificado como próprio do jornalismo porque, apesar de sua produção não ser de responsabilidade dos profissionais da imprensa, o veículo de expressão é um jornal ou revista e porque as cartas se dão em reação ao que esses profissionais escrevem. Claro está que em tempos de internet e de redes sociais, as manifestações por esses meios têm hoje grande relevância como expressão da opinião pública. Em todo caso, o gênero tradicional ora em análise tem seu lugar garantido como um canal prestigiado e de referência como expressão dos interesses e preocupações da sociedade civil.

Para avançar nessa investigação, recuperemos os tópicos que elencamos na seção anterior e vejamos o que temos como material de pesquisa:

(i) **O tema a ser investigado** nesse processo discursivo é a impunidade, não *per se*, mas sim como o(a) leitor(a) a percebe e identifica no país e como toma posição em relação a ela; as questões de pesquisa que nortearão a investigação foram definidas após a abordagem inicial e o exame preliminar do material coletado. Assim, definimos as seguintes questões:

(a) Onde e como se dá a impunidade no Brasil e a quem ela é atribuída?
(b) Em que medida a manifestação do leitor revela a motivação para sua participação política na mídia ou o que é possível extrair do conjunto de críticas e desabafos ou de apoios e defesas de medidas de combate à impunidade?
(c) Como o gênero *cartas do leitor* varia entre a veiculação de simples opiniões e uma vertente propositiva?
(d) Que soluções ou saídas são apontadas para esse quadro negativo?

Embora sejam postas aqui, claro está que as questões de pesquisa devem ser formuladas após a definição do *corpus* e podem ser reformuladas se, ao longo da investigação, o aprofundamento da pesquisa sugerir alguma correção de rumo.

Aqui teríamos uma larga janela de transdisciplinaridade aberta diante de nós. O fenômeno da impunidade é algo estudado pelas ciências jurídicas, pela sociologia, antropologia, história, entre outros campos do conhecimento. Numa investigação de maior vulto, seria necessário não só embasar teoricamente o fenômeno, como também considerar opções de investigação transdisciplinar, o que só enriqueceria a pesquisa. Aqui, evidentemente pelas restrições de espaço e pelo aspecto didático, optamos por um caminho mais simples de privilegiar a perspectiva da percepção dos leitores e a interpretação dos dados de suas manifestações.

(ii) **O *corpus* da pesquisa** apresentada aqui é formado por textos da imprensa, especificamente do jornal diário *Folha de S.Paulo*, do gênero jornalístico *cartas do leitor*, selecionadas com base em ferramenta de busca, na qual se usou a expressão "impunidade".

Podem ter sido descartadas cartas em que a situação de impunidade até tenha chegado a ser tratada, mas, uma vez que o(a) leitor(a) não usou a palavra "impunidade", a mesma não foi trazida pela ferramenta de busca. No total, trabalhamos com um conjunto de 52 textos, sendo 27 textos de 2011 e 25 de 2014. Os anos foram considerados em toda a sua extensão, de 1º de janeiro a 31 de dezembro.

(iii) **A abordagem inicial** deu-se pela leitura de textos desta seção no próprio jornal com o uso de ferramenta de busca quando verificamos a regularidade do tema; claro está que assuntos como "corrupção", "impunidade", "falta de leis e de punição efetiva" são muito presentes no cotidiano das pessoas e mesmo da imprensa; essa impressão inicial confirmou-se quando submetemos o jornal à ferramenta de busca; dentro dessa perspectiva básica, elencamos os assuntos tratados, observamos os aspectos recorrentes, a ocorrência de marcas linguísticas e a força da temática nesse gênero discursivo da imprensa. Em qualquer pesquisa nessa fase ou mesmo em fase mais adiantada, o(a) analista terá de fazer escolhas e ter claro por que as faz. Não é prudente, nem mesmo viável, investigar tudo. Entre um conjunto de aspectos linguísticos, selecionam-se aqueles mais relevantes para os objetivos da pesquisa. Claro está também que pressões relacionadas ao cronograma da pesquisa podem levar o(a) pesquisador(a) a fazer um recorte ainda mais restrito das categorias de análise. Uma boa saída em casos como esse é reservar parte do material para nova pesquisa em tempo oportuno ou partilhar as opções descobertas, mas não exploradas, para que outros pesquisadores possam contribuir, se assim o desejarem.

(iv) **As marcas linguísticas e discursivas** mais frequentes nos textos são figuras de linguagem, sobretudo ironias, metáforas e ainda comparação e personificação; ocorrem ainda com bastante frequência perguntas de retórica. Como os textos são curtos, em geral, pequenos parágrafos, não se prestam a argumentações mais elaboradas. Ainda assim, notamos seu uso, mas, sobretudo, a opinião pura e simples, seja por meio de elogio, mais raro, ou de crítica contundente, o aspecto mais corrente; outro aspecto relevante nesse processo discursivo é a questão da agência: quem é responsável pela impunidade ou quem nela está envolvido ou dela se beneficia?

(v) **O tempo definido da investigação** foi fixado em dois anos não consecutivos, 2011 e 2014, a saber, o primeiro e o último do primeiro mandato da presidenta Dilma Roussef. Esses dois anos são muito úteis para se ter uma percepção do que o público acha do momento do país: o primeiro, pela expectativa que se cria quanto a novidades diante da posse da Presidenta e do início de uma nova gestão, e o último, por corresponder à conclusão desse ciclo e pela realização das eleições gerais onde todos esses assuntos costumam vir ao debate na esfera pública com maior participação e força;

(vi) **Interpretação e análise**: começando pela questão da agência, nossa pesquisa mostra que para os leitores da *Folha de S.Paulo*, a classe política e o meio judiciário estão entre os principais agentes que contribuem para a impunidade (70,37%, em 2011; 36%, em 2014), seguido pelo sistema de segurança pública (11,11%, em 2011; 8%, em 2014) e pela legislação insuficiente (3,7% em 2011; 8%, em 2014). Comparando os dois períodos, nota-se que 85% dos textos responsabilizam essas três causas pela impunidade em 2011; já em 2014, só 52% o fazem. Observa-se, em 2014, um percentual de 32% que não tem clara a atribuição de responsabilidade e outros em que a responsabilidade é atribuída ao poder do dinheiro, aos servidores públicos etc.

Quanto à motivação do(a) leitor(a), nos textos de 2011, 81,49% são de crítica ou desabafo e apenas 18,51% de apoio ou defesa de medidas de combate à impunidade; já em 2014, 88% dos leitores manifestam-se com crítica ou desabafo e apenas 12% em apoio ou defesa de medidas contra a impunidade.

Com relação às figuras de linguagem presentes, as mais frequentes são a metáfora (37%, em 2011; 56%, em 2014), a ironia (33,33%, em 2011; 4%, em 2014), a personificação (7,4%, em 2011, e 16%, em 2014), e a comparação (7,4%, em 2011; 8%, em 2014). O emprego de metáforas cresceu mais de 50% entre 2011 e 2014 (de 37% para 56%), o uso de personificação subiu de 7,4% nos textos de 2011 para

16% de incidência, em 2014, enquanto as ironias decresceram no mesmo período cerca de 90% (de 33,33% para 4%). Já a comparação manteve-se estável. As perguntas retóricas também aparecem (14,81%, em 2011; 4%, em 2014) e seu emprego decresce entre um ano e outro, algo em torno de 70%. Aqui não poderemos explorar o porquê dessas variações no emprego desses recursos linguísticos.

Como tratamos de pequenos textos de autores distintos, vinculados a uma multiplicidade de contextos sociais (diversidade de classes sociais, faixas salariais, profissões etc.) sem as pressões de padronização que haveria, por exemplo, no caso de serem profissionais de um mesmo campo de trabalho, torna-se ainda mais relevante examinar as regularidades linguísticas que ocorrem nos textos do *corpus*.

As *cartas do leitor* são textos do gênero opinativo. Nessa investigação, configuram-se como manifestações de desabafo, discordância e repúdio do cidadão aos malfeitos ou desvios dos dirigentes ou dos políticos em geral ou ainda à ineficácia ou insuficiência das leis e também em menor frequência, de apoio a medidas de combate a essas irregularidades. Certo controle por parte do veículo para evitar a publicação de trechos considerados ofensivos ou que contenham expressões pejorativas é esperado, mas não temos elementos para dizer se houve ou não censura por parte da *Folha de S.Paulo* quanto às manifestações que receberam a chancela de publicação. Outra impossibilidade para nós seria aferir se houve algum tipo de manipulação de ordem política ou outra, de modo a evitar algum tipo de opinião tida como inconveniente aos interesses da empresa. Interessante seria traçar um quadro comparativo entre outros jornais e veículos do jornalismo impresso para verificar se as mesmas regularidades se fazem presentes. Trabalhamos, portanto, com o que efetivamente foi publicado, ressalvando as limitações acima.

Quanto ao contexto histórico, 2011 é o ano que antecede aquele em que deveria começar o julgamento do processo referente ao escândalo do mensalão. Àquela época, suspeitava-se que o processo poderia prescrever, deixando os envolvidos no caso livres de penalização. As questões relativas à lei da ficha limpa, que entrara em vigor no ano anterior e atrapalhado a carreira de alguns políticos, também repercutiram nas cartas, em especial porque se julgava no STF o devido alcance da lei frente às eleições ocorridas em 2010. Outras situações também repercutiram nas cartas: crimes comuns ou políticos de famosos, a situação no trânsito e nas estradas, a conjuntura da segurança pública, operações de investigação de corrupção em andamento entre outras. Já em 2014, ganham relevo situações diversas como problemas de segurança pública, o meio judiciário, o governo, escândalo de políticos famosos... essas três últimas situações dividiam a atenção com as repercussões do caso do mensalão que, por sua vez, perde o foco de interesse despertado em 2011, sendo muito menos citado em 2014, o que é compreensível, uma vez que os réus condenados em 2013 permaneciam na cadeia desde então.

Examinando as figuras de linguagem, observamos as seguintes metáforas:

(a) **em 2011**: recursos públicos jogados no ralo; a impunidade continua apesar da faxina; a certeza da impunidade como madrinha fiel da irresponsabilidade e ganância dos desmatamentos; operações policiais equivalem a secagem de gelo; decisão do STJ é gol contra; uma nova onda de engajados; uma democracia que esconde a imundície embaixo do tapete; escândalos e má gestão são desastres;
(b) **em 2014**: o país está se afogando num lamaçal de roubo, corrupção e impunidade; um sindicalismo selvagem; incendiar ônibus e invadir são esportes nacionais; a fórmula da impunidade; escândalos são combustíveis; uma casta que se confiou ao trâmite lento dos processos; o STF se comporta como um peão no xadrez de interesses; escândalos do mensalão como fórmulas de remédios, um original, outro genérico; desfile da impunidade; enfiado goela abaixo; novela do mensalão; sociedade é vítima nessa trama; impunidade e (des)governo são engrenagens de uma máquina a fabricar violência.

As metáforas são usadas em contextos coletivos, não sendo aplicadas particularmente a alguma personalidade do meio político ou a alguma autoridade de qualquer dos Três Poderes. Reforçam, entre outras, as imagens de desperdício dos recursos públicos, de aumento crescente da violência, da corrupção, dos desvios de dinheiro público, da impunidade, da atuação contra o interesse público, dos escândalos e da violência e sua "normalidade" e dos esforços em vão para pôr fim ao que é errado, pernicioso. As metáforas também criticam diretamente instituições como o STJ e o STF. Já as ironias, abundantes nas manifestações de 2011 e raras nas de 2014, são usadas em geral para criticar o país, sobretudo pelo predomínio da impunidade. As comparações são usadas em geral para apontar a ineficácia das instituições. Já a personificação é aplicada ao país ou ao Estado brasileiro ou ainda a crimes e à impunidade. Quanto às perguntas de retórica, elas são usadas, sobretudo, para questionar nossa legislação e aplicação da justiça.

Na grande maioria das vezes, os leitores se dirigem ao jornal para expressar seu desacordo com aspectos da conjuntura política e social do país. Eles se veem, em geral, como cidadãos brasileiros, opinando sobre temas mais abrangentes. As particularidades referentes ao próprio Estado e município não se fazem notar, senão num ou noutro texto. Em 2011, aparecem leitores provenientes de seis Estados e do Distrito Federal e de quinze municípios. Do Estado de São Paulo, provém a maioria dos leitores — 62,9% — sendo que os leitores da capital correspondem a 40,74% do total no ano de 2011. Já em 2014, participaram eleitores de apenas quatro Estados, sendo que os de São Paulo correspondem a 80% do total e os da capital especificamente são mais da metade, 52%.

O gênero jornalístico serve como canal para expressar indignação, revolta, desacordo com o rumo do governo, repúdio ao desempenho da classe política, ou particularmente de alguns de seus membros e de magistrados, em especial dos tribunais superiores, e crítica à atuação das instituições políticas. A manifestação em favor de algum projeto, lei ou mesmo em apoio a alguma medida implementada ou defendida por integrante de algum dos poderes é muito pequena nesse conjunto de manifestações em ambos os períodos estudados. Com relação à responsabilização pela conjuntura deplorada nas manifestações dos leitores, observa-se uma mudança significativa na percepção do leitor se comparadas às manifestações dos dois períodos de textos selecionados.

Em 2011, a responsabilidade quanto aos problemas de corrupção, violência, crimes em geral e da impunidade é atribuída, na seguinte ordem e proporção, à classe política e ao meio judiciário, 70,37%; ao sistema de segurança pública, 11,11% e à legislação insuficiente, 3,7%. Já em 2014, o mesmo quadro se mantém, só que em proporções bem diversas: 36%, 8% e 8%, respectivamente. Não temos elementos para avaliar a que se deve essa mudança, em especial na responsabilização da classe política e do meio judiciário que cai de 70,37% para 36%. Talvez a emergência dos debates em razão das eleições tenha aguçado as percepções dos leitores, levando-os a distinguir causas mais gerais ou distintas dessas já tão propaladas pelo senso comum.

Concluída a etapa de interpretação, é preciso seguir para a etapa de análise. Dados os limites deste capítulo, não vamos avançar tanto nessa outra etapa. Apontamos os caminhos, no entanto: recuperar as leituras da base teórica, vincular os dados da interpretação com a realidade social e refletir sobre os aspectos trazidos à luz com essa investigação. À guisa de encetarmos uma análise mais básica, recuperemos aqui as questões inicialmente propostas para pesquisa.

5.1. Onde e como se dá a impunidade no Brasil e a quem ela é atribuída?

Na percepção dos leitores da *Folha de S.Paulo*, a impunidade no Brasil tem relação com processos políticos, com o descaso para com o que é público, com as medidas protelatórias, artimanhas, omissões ou cumplicidades de autoridades e de instituições da Justiça para que punições previstas em lei não se concretizem; os responsáveis por tal conjuntura e movimentação são a classe política e o meio judiciário, seguidos pelo sistema de segurança pública e pela legislação insuficiente. Não podemos deixar de notar a desproporção entre os que privilegiam abordar aspectos relacionados à conjuntura política em detrimento das questões relacionadas à segurança pública. Isso teria a ver com a classe social dos leitores? Considerando que quem tem mais recursos e escolaridade tende a morar em locais com maior segurança, ter maior acesso à Justiça e a bens materiais e simbólicos, é bem possível que o foco de interesse volte-se mais para a conjuntura política do que para a segurança pública, cujas mazelas atingem mais, e de forma desproporcional, as classes menos favorecidas.

Por fim, a insuficiência das leis lança luz não somente sobre os legisladores atuais, mas também sobre a cultura do país e o descompasso existente entre o que as pessoas falam e comentam e a legislação construída no país geração após geração, sob pressão ou não da opinião pública. Nesse contexto, a Lei da Ficha Limpa é um bom exemplo de uma lei que nasceu da mobilização da sociedade e cujo reexame pelo STF em 2011 levou a questionamentos por parte dos leitores, o que foi captado em nossa pesquisa (7,4% de manifestações, em 2011). A insuficiência das leis como posta aqui abarca não só a ausência de normas legais mais duras, mas também questões relacionadas ao descumprimento delas e às movimentações de interesses para que as existentes não sejam aplicadas ou não venham a alcançar pessoas poderosas. Enfim, para uma parcela dos leitores, há um caminho a ser percorrido nesse campo de elaboração ou de aperfeiçoamento das leis para que a impunidade seja mais combatida no Brasil.

5.2. Em que medida a manifestação do leitor revela a motivação para sua participação política na mídia, ou: o que é possível extrair do conjunto de críticas e desabafos ou de apoios e defesas de medidas de combate à impunidade?

Mais de 80% das manifestações dos leitores, tanto em 2011 quanto em 2014, evidenciam uma motivação de crítica ou desabafo e menos de 15% são animados por uma perspectiva propositiva, que sinalize apoio ou defesa de medidas de combate à impunidade. Ainda que não se deva desprezar a manifestação de crítica e repúdio, de vez que ela também sinaliza um rumo que se deseja para o país, notemos que esse tipo de manifestação, que é o dominante, não avança em mostrar pontos específicos que devam ser implementados para uma mudança de rumos na conjuntura política, de segurança pública ou da legislação em vigor. Não obstante, ninguém deve se apressar a qualificar esses leitores como mais ou menos conscientes, mais ou menos conhecedores da conjuntura política.

A crítica ou o desabafo mostram, se não o engajamento de um(a) leitor(a) com uma percepção muito clara do que quer em termos de mudança, pelo menos a manifestação de um(a) cidadão(ã) atento(a) à movimentação na conjuntura social e política, à abordagem desta por parte da imprensa e que faz questão de sinalizar seu desacordo com os rumos dos acontecimentos. Nada indica que, críticas à parte, esse(a) leitor(a) não tenha contribuições a fazer para a situação concreta que repudia em sua carta e, por conseguinte, nada impede que, numa outra oportunidade ou nas interações de que participa no dia a dia, ele(ela) não expresse tais sugestões.

5.3. Como o gênero carta do leitor varia entre a veiculação de simples opiniões e uma vertente propositiva? Ou que soluções ou saídas são apontadas para o quadro negativo apontado pelo(a) leitor(a)?

Esse gênero jornalístico cumpre duas funções:

(a) sinaliza a posição do(a) leitor(a) diante de um fato, um texto ou uma opinião de outro(a) leitor(a) expressa em edição anterior do veículo;
(b) expressa uma contribuição específica para determinada situação, uma sugestão do que deve ou não ser feito.

Em 2011, entre as propostas dos leitores para a mudança de conjuntura, a saber, para pôr fim ou diminuir a impunidade, notam-se as seguintes: medidas pontuais como “a tipificação de corrupção como crime hediondo, a extinção ou pelo menos a drástica redução de benefícios como a progressão de penas ou indultos para esses crimes, o fim da possibilidade de recorrer em liberdade após a primeira condenação e o sequestro imediato de dez vezes o valor desviado” com o objetivo de “diminuir a impunidade”, campanha de conscientização quanto ao uso excessivo de álcool, leis enérgicas para punir infratores do trânsito, revisão do sistema processual penal e medidas referentes à reforma política, como a "que impeça a eleição e a perpetuação no poder de pessoas que legislam em causa própria, aumentando seus benefícios".

Já em 2014, observamos entre as propostas mudança na concepção do Conselho Nacional de Justiça — que venha a punir de fato os juízes que cometam irregularidades — apoio ao ministro Joaquim Barbosa quanto à atuação dele à frente do STF e o acompanhamento da evolução patrimonial dos servidores públicos como forma de combater a corrupção.

As propostas não chamam a atenção pela originalidade. Elas já vêm circulando no meio político e no processo discursivo da imprensa. O importante é ver qual eco algumas delas produzem entre os leitores do jornal, enquanto outras não. Mas quanto a esse ponto, para um estudo mais abrangente sobre as propostas com maior apelo popular, vale observar a necessidade de que o *corpus* seja estendido para incluir cartas do leitor de outros jornais e quem sabe também de um período mais abrangente.

A ADC pode ser usada para uma investigação do discurso da mídia — no caso as *cartas do leitor* de um jornal diário. Evidentemente, é um exemplo simples e até limitado — pelo *corpus* restrito e pelos objetivos propostos — das possibilidades do uso dessa ferramenta teórico-metodológica nesse campo de investigação. A depender do enfoque, do *corpus* e dos objetivos da pesquisa, a investigação pode ser ampliada, assim contribuindo para o conhecimento de fenômenos em curso na realidade social.

6. Considerações finais

A ADC mostra-se um percurso teórico-metodológico a um só tempo adequado e assaz privilegiado para examinar o discurso da imprensa, lançando luz sobre problemas sociais, de preferência aqueles que evidenciam situações de confronto, divergências, desequilíbrios na distribuição do poder, opressão social e política etc.

Ao mostrar a relevância da linguagem posta a serviço da ideologia, cooperando para sustentar e reproduzir relações desiguais de poder, a ADC é ferramenta muito privilegiada na contemporaneidade, marcada pela centralidade da mídia na produção e manutenção do consenso social.

A propósito de posições contrárias que reputam a ADC como um campo de conhecimento algo etéreo, inacessível ou então muito denso e complicado de operacionalizar, tentamos mostrar aqui, ao contrário, que a ferramenta teórico-metodológica presta-se tanto a pesquisas de muito fôlego e de estruturas mais complexas quanto àquelas de escopo mais simples e prático.

A ancoragem da ADC na linguística, bem como, em menor grau, em outras ciências sociais e humanas, sua capacidade de dialogar simultaneamente com diversos campos de conhecimento confere-lhe um forte caráter transdisciplinar. Isso também faz com que analistas de discurso tenham recursos os mais abrangentes para examinar fenômenos da conjuntura social e política, destrinchando seus mecanismos de funcionamento e o peso deles na sociedade. Nesse propósito, identificam seus mecanismos de produção e de reprodução e — não se detêm por aí, como vimos — mas também empoderam aqueles que são prejudicados nesses e por esses contextos no sentido de enfrentarem e modificarem essa realidade desfavorável.

Sem deixar de lado outras abordagens da mídia, trabalhar o discurso da mídia com a ADC revela-se muito produtivo e relevante diante do peso que a linguagem tem nesses tempos de modernidade tardia. Com as possibilidades que oferece — de desvendar os mecanismos de elaboração desse discurso e, com base nisso, empoderar aqueles que se encontram limitados por esse processo discursivo e buscam uma melhor distribuição de poder e outros recursos —, a ADC implica uma opção política consciente e importante, firmada no campo democrático.

CAPÍTULO 8

Análise de discurso das práticas: etnografia

Denise Tamaê Borges Sato
José Ribamar Lopes Batista Jr.

Neste capítulo, trataremos da união entre a ADC e a etnografia, com o objetivo de refletir sobre a importância das atividades de campo na investigação e da possibilidade de união de métodos, de forma a produzir uma análise social coerente e transformadora.

1. Análise das práticas

As práticas sociais são formas relativamente estáveis de se fazer algo. Em seu interior coexistem conhecimentos compartilhados que constituem pressupostos que todo o grupo domina. Uma das formas de agir socialmente é por meio de textos, tanto orais quanto escritos. Além de ser uma ferramenta para a produção de ações, os textos carregam consigo pressupostos que refletem o valor que o grupo atribui a si próprio, às demais pessoas dos outros grupos, às atividades e aos procedimentos que compõem o conjunto de valores e crenças no interior de dada prática ou contexto. Tais conhecimentos veiculados nos textos contribuem para disciplinar pessoas, instituir papéis, manter o poder e articular os próprios grupos.

As pessoas que compõem as articulações do poder consideram-nas neutras, como resultantes de uma cultura, condição ou natureza, e muitas vezes não percebem as constrições sociais, as assimetrias, os ganhos e perdas de tal aceitação, uma vez que a forma de sentir e perceber os fenômenos sociais são condizentes com a prática ou contexto em que estão imersos. Cada indivíduo assimila a visão do grupo tão naturalmente quanto adquire a própria língua.

As articulações do poder, contudo, não são estanques. As posições e a distribuição do poder são passíveis de serem transformadas por meio do conhecimento reflexivo[1]. Ao confrontar a realidade com outros saberes, o participante toma consciência de sua condição, podendo, caso detenha ferramentas e oportunidades, lutar pela

---

[1] "A reflexividade da vida social moderna consiste no fato de que as práticas sociais são constantemente examinadas e reformuladas à luz de informação renovada sobre essas próprias práticas, alterando assim seu caráter" (Giddens, 1991: 45).

emancipação e pelo poder. Como exemplo, podemos citar a luta pelos direitos humanos promovida por grupos em favor da população carcerária. De modo geral, a sociedade atribui à população carcerária a culpa pela violência, enquanto ativistas dos direitos humanos alegam que principalmente a população jovem e negra sofre violência social, em razão de uma prática excludente do sistema educacional e prisional, que perpetua diferenças de classe, sem permitir aos reeducandos a emancipação ou o acesso a novas formas de produção, emprego e renda.

Temos, então, discursos antagônicos. Por meio de um deles, a sociedade trata a condição da população pobre, jovem e negra como um mal em si, enquanto o outro discurso fala de ideologias de raça e classe, de direitos humanos e apregoa a injustiça de considerar como fatalidade a violência associada ao(à) infrator(a), sendo essa a base da "desumanização" dos indivíduos em cárcere perante a sociedade, a lei e o Estado.

O discurso pode ser percebido como a relação entre sociedade e linguagem, a forma pela qual a linguagem escrita e oral participa das práticas constituindo os sujeitos, seus sistemas de crenças e suas ações. Dessa forma, discurso, sem artigo, seria uma prática, formada pela soma das ações materiais com textos, dos conhecimentos partilhados por meio da linguagem na representação de dado objeto, do contexto, do grupo ou da atividade, bem como da atividade linguística que compõe as redes de produção, distribuição e consumo de textos (Fairclough, 1992). Discurso representa um dos elementos da prática social, juntamente com atividades materiais, pessoas, relações de poder, sistema de crenças/valores/desejos, tempo/espaço. A ADC VAI SE ocupar dos efeitos do discurso na sociedade, como por exemplo, a instalação, manutenção e perpetuação do poder.

A ADC prevê três instâncias de realização do discurso. Primariamente, e de forma concreta, o discurso se materializa por meio do texto ou gênero discursivo, no momento dos eventos sociais. O evento social é o *locus* da ação historicamente produzida no interior de uma prática social. Continuando com o exemplo da população carcerária, temos muitas manchetes e notícias de crimes, leis de diferentes instâncias, documentos públicos como orçamentos e despachos estaduais e federais, além de relatórios governamentais e de ONGs que medem a violência e o grau da sensação de segurança entre as comunidades. Esse conjunto de textos produz ações que, incidindo sobre a sociedade, produzem efeitos objetivos e discursivos, sendo, ao mesmo tempo, resultado da realidade social e ferramenta para moldar o conjunto de crenças e posições de poder.

Cada evento envolve as etapas de produção, distribuição e consumo desses textos no bojo de uma prática que articula outros elementos, tais como os participantes, os materiais, as relações de poder, as crenças/valores/desejos, tempo/espaço e o discurso. Esses elementos estão organizados em uma articulação social[2] maior, na qual esferas de ações e poder estão associadas. No exemplo citado, temos as indústrias da segurança, fabricantes de armas, setores imobiliários, universidades que formam profissionais para atuar no sistema judiciário, polícias, entre outras esferas de poder que atuam em conjunto, de tal forma imbricadas, que os eventos discursivos não nascem no seu *locus*, mas são como ecos resultantes das articulações formadas em torno da segurança e dos direitos humanos.

Esse é um nível intermediário, em que o discurso é visto como prática social[3] e compreende uma atividade em rede em que há a produção, circulação e consumo de discursos, por sua vez, regidos por articulações de poder (hegemonias) que posicionam os sujeitos e

---

2 Hall, a partir da década de 1980, estabelece uma dupla articulação dos estudos sobre sociedade: podemos observar a realidade como resultante das estruturas ou buscar as estruturas (condições dadas de existência) como resultado de práticas anteriores. Hall enfatiza a busca pela compreensão das práticas associando-as às ideologias com fins de desnaturalizar o poder (Hall, 2003:167).

3 Prática discursiva foi um conceito utilizado por Foucault (1995) como sendo um conjunto de regras sociais e históricas que regulam a atividade enunciativa. Fairclough (2001) apropria-se do conceito, percebendo-o como os processos de produção, distribuição e consumo dos textos. As condições e os recursos são decorrentes das estruturas e das convenções sociais, dos modos compartilhados pelos sujeitos sociais.

conferem legitimidade aos eventos. Essa rede discursiva pode ser percebida por meio das formas de representações contidas nos textos veiculados nos eventos. Por isso, é mais abstrata. Alguns discursos são replicados em diferentes meios, como, por exemplo, o discurso de raça vinculado à violência, veiculado nas famílias, na mídia, na escola, no trabalho, na indústria da segurança, na política... Esses discursos estão em constante movimento, sendo que as representações em circulação serão imanentes aos textos, devendo o(a) analista buscá-las por meio de categorias analíticas específicas[4]. As práticas discursivas são realizações relativamente abstratas, cujas ideologias contribuem para a manutenção do poder, na medida em que cerceiam a ação humana por meio das crenças/valores compartilhados.

Por fim, num terceiro nível mais abstrato, encontramos o discurso materializado no sistema linguístico. As estruturas podem ser compreendidas como condições para a ação na prática. Assim, a língua, o sexo, a nacionalidade e a raça são estruturas por meio das quais agimos em sociedade. Essas estruturas limitam a forma pela qual o indivíduo atua e percebe os fenômenos sociais. Nesse sentido, muitas poderiam ser as realizações ou condições históricas. Mas em razão da combinação entre estruturas e hegemonias, a realidade se concretiza de forma mais ou menos favorável aos indivíduos ou grupos. Ser negro, por exemplo, pode ser uma experiência positiva ou negativa, dependendo da sociedade, da estrutura, da articulação do poder e do papel desempenhado pelo indivíduo[5].

Segundo Chouliaraki e Fairclough (1999), a prática social discursiva pode ser vista simultaneamente nas estruturas da língua, nos gêneros discursivos e nas representações veiculadas. O termo *discurso*, no singular, significa o discurso tomado como prática social,

---

4 Veja sobre as categorias analíticas no capítulo 6: "Categorias de análise".

5 Veja o capítulo 2, "Bases filosóficas da análise de discurso crítica". Para aprofundar a relação entre estrutura e posição de poder, veja o livro *Realismo crítico e emancipação humana: concepções ontológicas e epistemológicas para os estudos críticos do discurso*, de Solange Maria de Barros (2015).

que corresponde à instância capaz agir sobre as pessoas, podendo contribuir tanto para a manutenção das relações assimétricas de poder quanto para a emancipação e desvelamento de ideologias, enquanto "o discurso" ou "discursos" designa(m) o conjunto de semioses oriundas de uma prática social específica, caracterizando usos situados da linguagem, como o discurso da violência, o discurso de raça, o discurso tradicional de gênero entre outros.

Ao desenhar a análise de discurso textualmente orientada — ADTO, Fairclough (2003) propõe um método para investigar a instância discursiva das práticas sociais. Por meio de categorias específicas, os(as) analistas poderiam investigar o momento discursivo em três níveis:

(a) no nível do evento — **o gênero**;
(b) no nível das práticas — **o discurso**;
(c) no nível das estruturas — **o estilo**.

Assim, gênero, discurso e estilo seriam, em tese, analisados a partir dos textos e outras semioses com vistas a elucidar situações de poder.

Complementarmente à análise dos textos, Fairclough (2003) indica o uso de outras ferramentas, como a gramática sistêmico-funcional, para analisar as estruturas internas do texto, e a etnografia, para compreender os discursos e os demais elementos das práticas sociais (pessoas, tempo/espaço, crenças/valores/desejos, relações de poder e atividade material). Segundo Sato (2008), a conjugação da ADTO com outras formas de investigação tem a ver com a agenda da ADC, que objetiva a compreensão do fenômeno discursivo como parte integrante da sociedade, uma vez que o discurso é igualmente um fenômeno político, cultural, social e mental.

A conjugação da etnografia como método útil para a compreensão da sociedade fornece elementos para a investigação dos interdiscursos, que são a manifestação de diferentes discursos acerca de determinado tema. Nas práticas, muitas são as posições dos participantes, e cada posição reflete um discurso imanente à percepção do fenômeno. Por meio das escolhas lexicais, mas principalmente dos conhecimentos compartilhados, dos pressupostos, dos modos de agir, o(a) analista recolhe instrumentos que lhe dão balizas mais seguras para compreender o objeto investigado. Sem a presença do(a) investigador(a) no campo, os modos compartilhados de atuação, a dinâmica do fluxo dos textos e a interação entre os participantes se perdem. Em razão dos níveis de análise e da necessidade de subsidiar a interpretação com dados com maior segurança, a etnografia se mostra como ferramenta bastante produtiva, motivo pelo qual passamos a tratar do método etnográfico.

2. Etnografia

O termo *crítica* em análise de discurso diz respeito à posição política do(a) analista que tem como objetivo desvelar formas de dominação ideológica com vistas à transformação social (Rajagopalan, 2014). Ao buscar a transformação, o(a) cientista afirma um posicionamento político, cuja pretensão é influir por meio da reflexividade na constituição social, terminando por promover instrumentos conceituais e analíticos que possam subsidiar a tomada de posição dos participantes de forma mais emancipatória. Fortalecer os(as) participantes é um dos resultados da pesquisa social crítica e da ADC (Magalhães, 2005).

No mesmo caminho, a etnografia crítica se opõe à etnografia tradicional no que tange aos objetivos analíticos (Thomas, 1993). A etnografia tradicional busca compreender as sociedades ou parte delas, enquanto a etnografia crítica advoga a favor das camadas oprimidas e lança luz sobre o *modus operandi* do poder, permitindo a reflexividade e também a mudança. A etnografia crítica pretende situar os fenômenos investigados em seus contextos sociais mais amplos, buscando determinar os fatores, ideologias, discursos e sistemas de dominação, para o fortalecimento dos grupos em desvantagem social.

Os estudos em etnografia crítica preveem um engajamento na crítica social ou cultural, e não raramente investigam as relações entre política e sociedade, bem como economia e opressão, levantando questões que envolvem disputas e conflitos (Schwandt, 1997), com o desejo de contribuir para a solução desses conflitos ou mudança da realidade social. Nesse sentido, tanto a etnografia crítica quanto a ADC possuem o mesmo viés emancipatório, permitindo a integração de metodologias.

Muitas são as abordagens e ramos científicos que utilizam a etnografia crítica. Contudo, estudos ligados à antropologia, à sociologia, à educação e à comunicação vêm subsidiando os maiores debates por compreenderem a pesquisa qualitativa como escopo de suas investigações (Anderson, 1989). De modo geral, Kincheloe e McLaren (2003) orientam que tais correntes comungam dos seguintes pressupostos:

(i) o etnógrafo utiliza o trabalho analítico como forma de crítica social;
(ii) o poder, fruto de uma construção histórica, socialmente compartilhada, perpassa o pensamento individual;
(iii) os fenômenos ou fatos só adquirem sentido se avaliados a partir de seus universos contextuais, de seus valores e inscrição ideológica;
(iv) a língua (ou discurso) participa de forma determinante na construção da subjetividade;
(v) em toda sociedade sempre haverá grupos privilegiados;
(vi) a opressão possui conexões e interconexões sociais que a sustentam;
(vii) a aceitação do *status* social como natural eleva a dominação ao seu nível máximo;
(viii) as práticas sociais não críticas têm contribuído para a manutenção do poder e da opressão sexual, social ou racial.

A contribuição da análise social por meio da etnografia é não permitir explanações acerca da cultura do "outro" que justifiquem posições opressoras ou limitadoras da ação humana[6]. Para tanto,

---

[6] A "grande divisão" foi um conceito ventilado desde Platão e revisitado no século XX no qual há um ponto de passagem entre o pensamento selvagem e o pensamento domesticado.

é preciso um rigoroso planejamento, que envolve a elaboração de questões de pesquisa que abram espaço ao pensamento crítico, um conjunto de ferramentas apropriado para o objeto a ser investigado, critérios científicos que justifiquem a seleção dos espaços e colaboradores e uma posição ética que permita a abordagem ao espaço e aos dados de forma a não corromper a confiança dos colaboradores nem o objeto.

2.1 A entrada em campo

A pesquisa social crítica parte de um problema que se pretende desvelar. O interesse e o desejo de compreensão são as principais razões para que o(a) investigador(a) busque conhecer o novo que é a prática. O conceito de prática deve subsidiar a pesquisa etnográfica, buscando entrever não apenas os eventos, mas principalmente os elementos que integram a prática, para percebê-la em funcionamento. Em ADC, as práticas não são tão materiais quanto os eventos. Nos eventos, é possível perceber os discursos como pontas de *icebergs*. As crenças/valores/desejos, os recursos materiais, as posições de poder, os objetivos comunicativos, os próprios discursos e as pessoas precisam ser observados a fim de se tecer a compreensão adequada.

Em 1969, Shirley Brice Heath entrou em campo para investigar a aprendizagem de crianças da alfabetização em duas pequenas comunidades do interior dos Estados Unidos, Roadville e Trackton. As comunidades eram rodeadas por vilarejos. O contexto da luta pelos direitos civis das pessoas negras obrigava professores(as) brancos(as) a conviverem com crianças negras nas mesmas turmas e muito se discutia na época sobre a falta de aprendizagem, alegando que as crianças negras não adquiriam o inglês padrão. Ao observar tal prática, Heath tinha um projeto e uma motivação:

Segundo a crença da Grande Divisão, baseada em estudos em comunidades ágrafas, se creditava à linguagem escrita o poder de tornar o homem mais inteligente. Com isso, atribuiu-se aos povos do hemisfério norte a supremacia tecnológica sobre os povos do hemisfério sul, justificando a dominação econômica dos primeiros.

compreender o fenômeno educacional a partir da observação do uso da linguagem.

Para compreender etnograficamente o fenômeno, Heath precisou mergulhar nos usos históricos e culturais da linguagem. Perceber os significados que as escolhas linguísticas traziam para cada grupo. Foi necessário visitar as crianças, conhecer seus hábitos, conversar com seus pais, compreender o conjunto de conhecimentos que seus pais lhes passavam culturalmente, para distinguir no contexto escolar como se processavam os eventos, como os discursos que marcavam as comunidades branca e negra traduziam-se em ações pedagógicas e como isso repercutia no processo de ensino e aprendizagem.

Heath descobriu que a falta de aprendizagem não era uma falha de cor. Em ambas as comunidades, crianças brancas e negras tinham dificuldades de aprendizagem. O fato se devia à vida no campo, concreta e livre, que lhes permitia brincar com materiais reais, sem limites de tempo ou de rotina. Ao chegarem à escola, era preciso obedecer a etapas rígidas, compreender objetos de estudo simbólicos, brincar de "faz-de-conta" com brinquedos que imitavam utensílios domésticos enquanto em seus quintais podiam produzir seus próprios alimentos enquanto brincavam.

A investigação levou Heath a propor aos(as) professores(as) um exercício de ambientação e eles(as) aceitaram o desafio. Personagens e atividades introduziram a dinâmica escolar gradativamente aos(as) alunos(as), que responderam com níveis mais elevados de aprendizagem e aproveitamento escolar. Ao término da pesquisa, os dados gerados pelas avaliações fizeram com que Heath comprovasse seus achados etnográficos, liberando as crianças negras do estigma da não aprendizagem.

As crianças não aprendiam porque não dominavam a rotina e a dinâmica escolares.

Além do achado, Heath contribuiu significativamente para a compreensão da educação ao desenvolver o conceito de evento de letramento. A pesquisadora percebeu que a ação envolvendo a linguagem escrita se dava por meio do objeto escrito — o texto — e definiu que os eventos de letramento são momentos em que os textos exercem uma função. Esse conceito abriu caminho aos estudos sobre letramento ao situar os textos no bojo da ação humana, algo que requer conhecimento de sua dinâmica, como aconteceu com as crianças investigadas em Roadville e Trackton.

Ao utilizarmos esse exemplo, desenhamos um quadro de planejamento investigativo. Inicialmente o problema social: dificuldades de aprendizagem; em segundo, um problema de pesquisa: como a linguagem era trabalhada no ambiente escolar?; e uma premissa crítica: todos podem aprender. Assim, a proposta era investigar como os usos da linguagem materializavam a dinâmica da exclusão no bojo da prática educacional. Essa visão pressupõe a coexistência de crenças, materiais, pessoas, posições de poder e o discurso, no caso, o discurso de raça. Na pesquisa etnográfica, observamos o que acontece, quem participa, quando ocorre, como o fenômeno se dá, sua regularidade e os fatores externos envolvidos. Dessa forma, "por que" e "como" são as perguntas que o(a) investigador(a) deverá responder após o trabalho de campo e de análise.

O exercício de Heath envolveu tanto as notas de campo quanto um exaustivo trabalho de análise desse material em exercícios de constante comparação. A seleção desses eventos é feita de acordo com as regularidades observadas. O comportamento que ecoa em diferentes momentos da pesquisa demonstra a regularidade do compartilhamento da cultura, do objeto da investigação. Esse compartilhamento também abre espaço às comparações que permitem desenhar a identidade de um grupo. O confronto dos dados e das análises deve ser exercido ao mesmo tempo em que o(a) investigador(a) trabalha a teoria, confronta-a com outras teorias existentes, testa hipóteses e ventila possibilidades de dedução.

Um erro de dedução etnográfica pode ser desastroso para a pesquisa. Uma regra da investigação é descrever o que está acontecendo e não o que não está acontecendo. Em ADC, há ainda a responsabilidade explanatória. Muitos analistas iniciantes, ao tratar o tema de modo apressado, perdem o elo entre o evento empírico material e a explicação de sua relação com a dinâmica social complexa. Assim, defendendo pontos de vista pessoais, tentam explanar sem observar a prática em seus diferentes aspectos, fazendo com que juízos de valor aflorem no lugar de deduções científicas. Nesse ponto, as anotações corretas, feitas etnograficamente, funcionam como um instrumento capital para a análise dos textos e dos discursos, ainda que para tanto, os(as) analistas recorram à própria sensibilidade e subjetividade (Chouliaraki e Fairclough, 1999).

Em ADC, as fontes de dados combinadas com a pesquisa etnográfica geram muito material. As transcrições das entrevistas recebem o tratamento da ADC, com as categorias de análise mais pertinentes ao objeto investigado. Auxiliam na análise, contudo, as anotações realizadas em notas de campo, diários de pesquisa e nas observações, juntamente com a coleta de artefatos da prática, tais como textos, cartazes e fotos produzidos no campo de pesquisa.

As regularidades, os discursos produzidos pelos diferentes participantes, os gêneros discursivos que organizam as práticas e as observações com alusão aos materiais e posições de poder constituem parte da narrativa que subsidia a análise da prática. Esses materiais devem ser organizados no momento da preparação do *corpus* para análise. Assim, somando os dados das transcrições das entrevistas, as narrativas e os demais dados gerados etnograficamente, o(a) analista os alinha, comparando o discurso com a prática etnograficamente observada, de forma a contribuir para a percepção da realidade que se busca compreender. Sem essa acuidade, o(a) analista incorre muitas vezes em falhas. A metodologia empreendida é fundamental para a validação dos achados.

Em um seminário do qual participamos[7], uma analista expunha os achados de uma investigação. Ela apresentou a petição de uma

---

[7] Durante o doutorado em linguística pela Universidade de Brasília, participávamos da disciplina "Seminário III", em que pesquisadoras e pesquisadores convidados, bem como alunos(as), apresentavam suas análises. A analista era uma figura convidada, oriunda de outra universidade, que estava naquele momento contribuindo para o debate e para a pesquisa.

ex-professora que alegava ter direito a vencimentos retroativos por ter sido cerceada durante a ditadura. A analista avaliou como prova do poder hegemônico e como problema claro resultante de discursos ideológicos o fato de uma petição de uma professora ter sido recusada pelo juiz e os autos terem sido encaminhados para arquivo sem a concessão do pretenso direito. Ocorre que a lei estabelecia o direito àqueles que foram demitidos de seus cargos por perseguição política. No caso da autora, ela não fora demitida, mas sim pedira formalmente a exoneração do cargo de professora e fora em busca de um local mais seguro para viver em razão do desaparecimento de seu marido, igualmente professor, este sim, vítima da ditadura. Diante do fato, o juiz considerou que ela não anexara a prova de que fora perseguida — a imposição de sua exoneração, ou outras comprovações de cerceamento em sua prática profissional.

Depois de questioná-la sobre a falha analítica, perguntamos à analista se ela havia estado no fórum e se tinha conhecimento das práticas jurídicas. Ela alegou que o juiz de última instância poderia ter solicitado a anexação aos autos das provas faltantes, que poderiam fazer retroagir o processo à primeira instância, local e momento em que as provas são anexadas. Para ela, e julgando pela ótica da moralidade, seu ponto de vista era o de que a vítima tinha um direito que fora desconsiderado em razão de questões de gênero e de poder econômico. Contudo, incorreu em equívoco de análise, por não considerar a prática jurídica. Ainda que pudesse ordenar que se apresentassem provas em última instância, o juiz não o faz, porque tal atitude é incompatível com o direito processual. A analista não observou atentamente a prática, não percebeu a ideologia e os pressupostos que envolvem os processos. Erros como esse podem ser facilmente superados por meio da metodologia consistente, baseada em dados etnográficos.

Para uma análise segura, uma vez concluída a primeira análise textual, os achados são confrontados com os dados etnográficos. A partir desse momento, o(a) analista está pronto para dissertar. Um ponto de vista advindo das questões de pesquisa, os dados das entrevistas e as narrativas etnográficas comporão um texto no qual compete ao(a) analista fazer a relação entre o micro(evento) e o complexo (a prática). As relações de poder e as escolhas dos(as) participantes são, muitas vezes, resultado de uma prática excludente que alinha o poder às identidades, posicionando os sujeitos por meio das crenças e dos materiais disponíveis a cada indivíduo. Essa percepção explanatória vai do texto enquanto modo de agir (significado acional) até a estrutura. Se, além dos atos de elaborar a análise e de compor a dissertação, o(a) analista conseguir ir testando teorias que estabeleçam a regularidade e a ideologia, como Heath fez em sua pesquisa etnográfica em Trackton e Roadville, a mudança social terá sido iniciada.

CAPÍTULO 9
Por uma análise de discurso crítica consistente

Solange de Carvalho Lustosa

Como é possível notar nos outros capítulos deste livro, fazer ADC não é analisar um texto sem critério algum. Muito pelo contrário, consiste, antes de tudo, em manusear uma ferramenta extremamente complexa. A complexidade deriva não só do objeto a ser analisado, mas, acima de tudo, de fazer "ligações" teóricas com outros campos do saber.

Este capítulo pretende, ao trazer erros corriqueiros de análise, promover um cuidado que resulte em análises mais consistentes, mais científicas e, acima de tudo, de muita qualidade.

Foram pensados 7 tipos de erros, que claramente não devem ser jamais entendidos como os únicos cometidos. Os que serão trabalhados neste capítulo são os mais comuns[1] e os mais facilmente encontráveis. Portanto, requerem uma postura vigilantemente crítica por parte do analista.

Outro critério adotado em relação aos erros é sua natureza. Como fazer pesquisa em análise de discurso requer uma gama considerável de elementos de análise, incluímos erros referentes a questões sociais, textuais, etnográficas, multimodais etc. Dessa forma, será contemplada grande parte das ferramentas usadas pelo analista, a fim de que ele perceba os cuidados que precisam ser tomados para não pôr em risco toda a análise ou tornar questionável a validade dos dados.

Para tornar mais fácil a consulta, os erros foram agrupados pelo tema ao qual estão relacionados. Vamos a eles!

1. Análise de discurso crítica

Quando se trabalha com objetos que transitam na interface de várias ciências, é necessário usar um arcabouço teórico e metodológico que permita ligações entre eles. A ADC pode promover a

---

1 Sobre os erros cometidos pelo analista crítico de discurso, iniciante ou não, que não serão abordados diretamente neste capítulo, cito a relação assimétrica entre o entrevistador e o entrevistado, o caráter "messiânico" de algumas pesquisas, a junção de teorias completamente opostas à ADC, a perda do objeto de pesquisa ou da metodologia de análise em virtude da ideia equivocada de que trabalhar transdisciplinarmente é apenas juntar teorias e métodos, numa perspectiva de que tudo cabe no trabalho etc. De certa forma, se o pesquisador de ADC se posicionar de forma crítica, poderá perceber essas afetações e distorções em seus trabalhos, sendo capaz de corrigi-las a tempo.

interdisciplinaridade, a mestiçagem e a transdisciplinaridade entre os saberes, além de se mostrar dinâmica exatamente na operacionalização desses vínculos.

Academicamente a ADC representa um desafio para si mesma em cada análise em que é aplicada, pois precisa ser constantemente revisitada. A denominação de "crítica" deve torná-la continuamente autorreflexiva. Isso é provocado pelas ligações que a própria ADC faz, pela dinâmica de seus objetos de análise (ou seja, pela prática) e pelos seus próprios postulados, quando avalia suas limitações e seus avanços teóricos. Esse deve ser o papel também do analista de discurso crítico.

O questionamento dentro de um campo de saber sobre o próprio fazer supõe, para alguns, a existência de uma fraqueza, pois evidencia que as "verdades" teóricas não estão ainda acomodadas, resolvidas e, por isso, não são confiáveis. Criticar a ADC parece, então, algo perigoso ou impensável. Ser analista crítico da própria análise não é um espaço confortável, pois exige assumir que seu papel não é neutro, mas político; que suas escolhas são motivadas e atendem a determinados interesses que extrapolam o fazer acadêmico, conforme aponta Santos (2007: 23):

> Vamos, portanto, discutir como podemos, no que diz respeito à ciência, ser objetivos, mas não neutros; como devemos distinguir entre objetividade e neutralidade. Objetividade, porque possuímos metodologias próprias das ciências sociais para ter um conhecimento que queremos que seja rigoroso e que nos defenda de dogmatismos; e, ao mesmo tempo, vivemos em sociedades muito injustas, em relação às quais não podemos ser neutros.

A abertura prevista na teoria da ADC não tem sido plenamente exercitada. Algumas análises se reduzem apenas aos aspectos verbais, mesmo que haja outros elementos multimodais nos dados. Além disso, em alguns casos, a interdisciplinaridade tem se transformado em monólogo sobre a mesma variação (em alguns estudos, por exemplo, a ADC tem dialogado praticamente e unicamente com a linguística sistêmico-funcional e sua gramática) e isso não permite chegar à desejada transdisciplinaridade, uma vez que trabalhar nessa perspectiva implica ter muitas opções. Isso caracteriza um reducionismo indesejado da ADC.

2. Texto multimodal

Não é raro encontrar análise de textos multimodais. Na verdade, ela tem se tornado bastante comum em virtude do avanço tecnológico e de sua incorporação às redes sociais. O problema da análise é ela se projetar apenas sobre os elementos linguísticos.

Embora tenha aumentado consideravelmente o entrelaçamento entre verbal e imagético na composição de textos, as publicações sobre o tema em linguística talvez ainda não acompanhem o ritmo. Cabe salientar a existência de uma gama bem maior dessas publicações em áreas cuja visão parece mais interdisciplinar, como comunicação, *marketing* e artes plásticas. Estudiosos desses campos mostram as imagens, em seus aspectos estruturais e como signos recorrentes, abordando questões de perspectiva, de enquadramento, de estruturas que influenciam a abordagem do leitor pelo autor, isto é, elementos que seria interessante a linguística analisar, em virtude de possuírem uma estrutura semelhante à dos elementos linguísticos e evidenciarem escolhas ideológicas e, consequentemente, políticas em relação a sua produção.

Essa situação é repleta de significados, mas há um que deve ser ressaltado: existe uma lacuna no estudo do texto imagético que vem sendo ocupada pela linguística (pelo menos no Brasil), porém de forma ainda contida. Minha afirmação encontra respaldo no estudo feito por Mafra (2007), no qual se registra o descompasso entre reflexões e atitudes em relação ao trabalho com leitura na formação de professores em Letras no que diz respeito aos aspectos midiáticos e à composição curricular de instituições de ensino superior.

Assim como Mafra (2007), Ribeiro (2016) apresenta o resultado de uma pesquisa sobre textos multimodais na escola básica, especialmente no ensino médio. A autora, ao longo de seu livro, se pergunta sobre a validade de aulas de língua materna baseadas exclusivamente em recursos linguísticos, o que descartaria imagens, sons, gráficos etc. Isso compromete sobremaneira a qualidade da leitura desses textos, além de tornar opaca a motivação ideológica na construção textual.

Tais questões levantam problemas mais sérios, principalmente, aqueles relacionados a atividades práticas, como, por exemplo, o processo de revisão textual. Sobre esse assunto, Rocha (2012), em sua tese de doutorado, analisa a função do revisor diante do texto multimodal: dos vários profissionais avaliados (com vários anos de profissão), todos limitaram sua revisão somente a aspectos de adequação do texto escrito ao padrão normativo da língua portuguesa, não se preocupando com o fato de a imagem da propaganda que lhes foi apresentada para a geração dos dados encontrar-se distorcida.

Ainda é possível encontrar professores que trabalham em sala de aula com textos verbais, sem se preocuparem em mostrar a existência de uma construção minuciosa de sentidos também pela imagem. A abordagem do caráter multimodal, quando acontece, tem se limitado apenas à leitura e pouco chega à produção de textos, conforme se pode observar nas análises feitas nos textos canônicos da ADC, que utilizam a imagem apenas como pano de fundo[2].

A razão da negligência do imagético pela linguística estaria em se considerar essa semiose como sendo autoexplicativa, a qual não necessitaria de uma pedagogia de leitura, nem tampouco de escrita, em que esses elementos fossem significativos. Kress e van Leeuwen (2006) afirmam que, por ser considerado praticamente autoevidente e de fácil "tradução", o visual é concebido como desvinculado de qualquer tipo de letramento. O caráter imediatista atribuído à leitura da imagem vem ao encontro da necessidade moderna de fazer informações geralmente relacionadas ao consumo de bens e serviços transitarem de maneira praticamente instantânea. Daí a importância da educação do olhar. Os livros didáticos adotaram a prática de "decorar" ou "ilustrar" suas páginas, mas as imagens frequentemente são elementos meramente acessórios, não estabelecendo relação direta com a escrita ou não auxiliando na construção e na leitura do texto como um todo.

Há outro ponto a ser ressaltado quando constatamos o crescimento do uso da imagem em detrimento do verbal/escrito nos textos. A linguagem escrita recebe hoje um severo controle por parte de muitos letrados, pois, por meio dos elementos explicitados, é possível questionar,

[2] Chouliaraki e Fairclough (1999: 11), ao analisar um texto de publicidade (*Homeless this Christmas, but not for life*), deixaram de analisar o aspecto visual e a relação significativa do olhar da criança no gênero como um todo.

detectar preconceitos, contra-argumentar. A leitura da imagem ainda não possui esse controle, pois apenas mostra ou sugere e, talvez por isso, esteja sendo usada com mais frequência.

Percebemos essa diferença ao transformar imagens em descrições linguísticas, uma vez que "a imagem mostra, mas não diz"[3] (Gaudreault e Jost, 2009: 37). Isso, de certa forma, acaba sendo um recurso importante em relação à argumentatividade da coisa narrada, pois desarticula questionamentos acerca de seu significado. Exemplo disso é o que acontece em relação ao racismo quando não explicitado verbalmente e é proveniente da ausência de negros em determinado vídeo, ou das atividades que eles realizam (copeiro, jardineiro, cozinheira, prostituta etc.)[4]. Parece não haver nenhuma "evidência" materializada de conteúdos não verbais, uma vez que a ausência de jurisprudência sinaliza esse entendimento. Se tomarmos o inciso IV do art. 5º da Constituição Federal (1988), em uma versão *online* do STF[5], lemos: "É livre a manifestação do pensamento, sendo vedado o anonimato", o que implica, portanto, que as pessoas podem falar o que bem entenderem, todavia poderão responder a processo judicial por isso. Há vários exemplos no nosso dia a dia em que houve a intervenção judicial em casos de discriminação racial, ofensa, injúria, danos morais. O fato de não haver processos em relação a racismo velado, por meio da ausência ou marginalização de grupos sociais em conteúdos midiáticos, mostra que não há tratamento legal desses problemas de representação, talvez pelo fato de o Judiciário considerar que eles não representam materialidade e não incitam à violência (mesmo que simbólica), apenas sugerindo-a.

No entanto, o dizer e o mostrar nem sempre estão em uma relação de complementaridade: podem estar em oposição. Se tomarmos, por exemplo, a afirmação "sinto muito", automaticamente remeteremos

---

3 Essa afirmação foi posta dessa forma porque a imagem mostra, mas não diz de uma forma linguística; a expressão e o entendimento acontecem de outras formas, com outros códigos e regras próprias relacionadas à interpelação feita pela imagem.

4 Sobre esse assunto, sugiro a leitura do documentário *A negação do Brasil: o negro nas telenovelas brasileiras* (Casa de Cultura, 2001).

5 Disponível em: <http://www.stf.jus.br/portal/constituicao/constituicao.asp>; acessado em 13 de setembro de 2016.

ao sentimento de consternação, mas quando ela se associa à imagem, isso pode trazer diversas nuances como mostra a figura 1 a seguir:

Figura 1: Diferenças entre dizer e mostrar. Fonte: Eisner (1999).

Todas essas especificidades são levadas em consideração pelo leitor/espectador quando consome textos com elementos verbais e não verbais. No entanto, há construções discursivas em que esse processo não é tão facilmente identificável.

Mesmo sendo a modalidade mais utilizada de representação e comunicação, a linguagem visual é tratada de forma marginal e, como Kress e van Leeuwen (2006: 33) afirmam, o campo visual é o espaço no qual a leitura é construída, mas onde não é percebida, por causa da "abertura" aparente e da sensação de uma suposta liberdade de leitura. Em virtude disso, as pessoas frequentemente não percebem essas "construções", esses direcionamentos nas imagens lidas[6].

Além da preocupação com a análise de textos multimodais, o analista crítico de discurso deve ter a preocupação de problematizar a

6 Essa questão é abordada com maior profundidade em Lustosa (2013).

recepção desses textos e necessariamente incluir aspectos de enquadramento, de perspectiva, entre outras coisas, dentro de sua análise, bem como da descrição desses elementos em sua pesquisa[7].

3. Etnografia

Fazer etnografia não é tão simples quanto muitas pessoas pensam. Não basta passar um tempo com determinados grupos para pensar que seus membros já o consideram como um igual. Há elementos que, infelizmente, não são tão facilmente apagáveis com a convivência. Cito aqui questões relacionadas a aspectos fenotípicos (cor, traços visíveis de raças etc.) e questões culturais e sociais.

A etnografia surgiu nos estudos antropológicos que buscavam descrever costumes e tradições de grupos sociais. Mas utilizá-la não é tão simples quanto parece, já que ela envolve aspectos que um analista crítico de discurso deve sempre ter em mente, entre eles, o da relação de poder.

Descrever ou representar o outro não é algo fácil; os próprios antropólogos perceberam isso. Clifford (1998) trouxe toda essa problemática ao afirmar que o texto etnográfico está sempre "contaminado" por relações de poder entre o entrevistado e o entrevistador, relações em que o entrevistador pode impor suas verdades, abstratizar e desistoricizar o primeiro. Clifford, diante disso, sugere o desenvolvimento de um debate político-epistemológico mais geral sobre a escrita e a representação da alteridade. Mais recentemente, ainda neste campo, temos o trabalho de Spivak (2010), cujo título *Pode o subalterno falar?* já evidencia e exemplifica os questionamentos feitos por Clifford (1998); além do clássico trabalho de Said (2007).

Outros trabalhos mais recentes também são importantes para relativizar o poder do etnógrafo. Entre eles está o de Goffman (2008), que problematiza a representação do homem na sociedade. Segundo

---

7 Sugiro a leitura de Lustosa (2013), pesquisa que mostra a forma como os leitores são interpelados pela imagem, inclusive a imagem em movimento.

esse autor, o homem sempre utiliza formas de representação para se mostrar a seus semelhantes, ou seja, sempre está performando, o que impõe ao analista crítico de discurso o desafio de perceber a dificuldade em descrever e representar a alteridade.

Cabe ressaltar que há outras possibilidades para a etnografia. Cito a proposta de reformulação da política de representação dos povos indígenas feita pelo cacique Álvaro Tukano[8]: "Deixa o índio falar, deixa escrever a história dele, deixa ele falar por ele"[9]. Essa afirmação decorrente do fato de o índio, além de ter sido silenciado (Orlandi, 2007)[10], ter tido voz "sequestrada" por outros atores sociais (antropólogos, sociólogos, indigenistas, analistas críticos de discurso etc.), que sempre falaram por ele. Álvaro Tukano é um dos defensores de projetos como o Vídeo Índio Brasil[11], nos quais os próprios índios, coletivamente, decidem quais histórias, costumes, valores representam as suas tribos.

A contribuição de Tukano revela os cuidados que o pesquisador, especialmente o analista crítico de discurso, deve considerar sempre ao realizar seus estudos: o de dar voz, de pensar a etnografia como uma maneira de tirar do silêncio esses grupos, sempre buscando interferir o mínimo possível nessa descrição.

4. Categorias de análise

A ADC oferece conceitos e categorias que ajudam a pensar o objeto a ser analisado e sua relação com a contemporaneidade. Fairclough,

[8] Álvaro Tukano. *A questão indígena pelos índios*. Disponível em: http://youtu.be/5nPtqlaHU3k. Acessado em 7 de julho de 2013.

[9] Disponível em: http://mais.cultura.gov.br/2009/06/25/projeto-possibilita-que-comunidades-sejam-protagonistas-de-sua-historia/. Acessado em 25 de junho de 2013.

[10] Orlandi (1997) mostra que o silêncio, embora não tenha estrutura linguística, significa, mesmo que de outra forma. Para o analista crítico de discurso essa informação é muito importante, pois o fato de um grupo social não ser representado ou aparecer de forma marginal, por exemplo, em produtos midiáticos, revela a assimetria de poder e, consequentemente, de representação. Lustosa (2013) aborda esse aspecto também como uma forma de censura.

[11] Este projeto foi implementado pelo Ministério da Cultura, o qual disponibilizava, além de outros insumos, recursos financeiros para a criação de curtas feitos pelos próprios índios. Maiores informações encontram-se disponíveis em: http://www.videonasaldeias.org.br/2009/indios_no_brasil.php. Acessado em 25 de maio de 2013.

em *Discurso e mudança social* (2001), apresenta a análise de discurso textualmente orientada (ADTO), além de outros conceitos bastante produtivos para o analista como tecnologização do discurso, comodificação etc.

Todavia, o analista crítico de discurso deve sempre se fazer a seguinte pergunta: *estou aplicando corretamente a categoria ou o conceito?* Infelizmente ainda encontramos trabalhos problemáticos quanto ao uso de categorias ou conceitos, alguns provocados por generalizações. É o que acontece, por exemplo, com o conceito de *tecnologização discursiva*.

Fairclough (2001: 264-265) caracteriza a *tecnologização discursiva* como "estratégia" utilizada para provocar "efeitos particulares sobre o público". Para isso, os tecnólogos precisam ter conhecimento sobre "a linguagem, o discurso e a semiose e ainda conhecimento psicológico e sociológico". Isso se manifesta por meio de "escolhas linguísticas no vocabulário, na gramática, na entonação, na organização do diálogo, entre outros, como também na expressão facial, no gesto, na postura e nos movimentos corporais". A tecnologização discursiva pode ou não usar recursos da tecnologia da informação. Nessa perspectiva, podemos ter um discurso predominantemente oral, em uma interação face a face, que use determinadas estratégias para causar efeitos sobre um público específico. Como exemplo temos os cultos dos neopentecostais sobre a obrigatoriedade do pagamento do dízimo.

Atualmente, devido aos avanços tecnológicos relacionados principalmente à internet, há uma profusão de trabalhos desenvolvidos analisando objetos expostos nesse espaço. O problema é encontrar, por exemplo, a relação de sinonímia entre tecnologização discursiva e avanços tecnológicos.

Para analistas críticos de discurso iniciantes, recomendo perguntarem, mostrarem a amigos e professores o que estão construindo, principalmente antes de expor em forma de comunicação em seminários, simpósios e congressos. Isso é uma forma de minimizar os erros.

5. Análise social

Não é possível utilizar a ADC como método e teoria fazendo apenas análises linguísticas. O modelo tridimensional inclui a perspectiva social em interação com o texto e com a prática discursiva.

Ao usar a ADC, também é preciso ter o cuidado de não fazer apenas análises sociais ou privilegiar esse aspecto na pesquisa, pois, não raro, encontramos trabalhos acadêmicos em ADC que vincularíamos imediatamente à sociologia ou a outra área semelhante. "Bom senso" é a atitude chave para um bom trabalho, pois é preciso equilibrar esses dois aspectos.

A separação feita por Fairclough, em *Discurso e mudança social* (2001), é meramente didática. Nessa obra, o discurso, de acordo com a ADC, é concebido como

> um dos momentos da prática social, que é composta por mais outros cinco momentos: instituições/ritos; práticas materiais; crenças/valores/desejos; poder e relações sociais. Cada momento interioriza todos os outros. Então, pode-se dizer que o discurso é uma forma de poder, um modo de formação de crenças/valores/desejos, uma instituição, um modo de relato social, uma prática material (Chouliaraki; Fairclough, 1999: 6).

Priorizar algum desses "momentos" prejudica a análise, pois insere uma perspectiva subjetiva na pesquisa que está sendo desenvolvida.

Problemas relacionados a esse aspecto acabam por repercutir sobre outro tema caro à ADC: as relações de poder, o que prejudica a análise.

Para um iniciante em ADC, "traduzir" o modelo tridimensional de Fairclough (2001) representa um desafio, pois seu formato didático de apresentação não representa, entre outras coisas, a simultaneidade do processo[12].

---

[12] Essa situação sempre se torna um ponto de debate, pois, por exemplo, os membros de bancas se sentem motivados a discutir ou a propor uma forma que represente melhor o processo

6. Pesquisa colaborativa

Pensar em um projeto em que pesquisadores e docentes práticos desenvolvam, por exemplo, a consciência crítica é sempre bem-vindo. No entanto, há algumas pesquisas que têm lançado mão de relações assimétricas para impor determinados comportamentos no ponto mais sensível: os docentes práticos e outros colaboradores.

Atitudes como essa, por exemplo, representam um processo esquizofrênico em que se pensa em empoderar pessoas assujeitadas por meio da fragmentação e da coação de outros sujeitos.

Para evitar que isso aconteça, há conselhos de ética e a possibilidade de denúncia de excessos a qualquer tempo. Todavia, o fato de essas práticas acontecerem para desenvolvimento de pesquisas em análise de discurso crítica já evidenciam um comprometimento da análise e até mesmo do próprio pesquisador.

7. Dados falhos

Esse erro representa o temor de qualquer pesquisador, pois pode invalidar por completo todo o estudo desenvolvido. Como obtemos os chamados "dados falhos"?

Há várias formas e graus variados de prejuízos ao trabalho quando se trata da coleta de dados. Relatarei alguns, mas isso não implica afirmar que só existam esses. A natureza e a intensidade do erro são tão ricas quanto qualquer elemento relacionado ao texto e à sociedade.

Uma coleta de dados de um texto multimodal que envolva, por exemplo, imagem em movimento e não considere o movimento da imagem pode acarretar problemas nos dados e prejudicar a análise. Para transcrever um texto com essa natureza, o pesquisador deve inserir uma forma que contemple uma sequência de imagens, junto com aspectos verbais e aspectos não verbais na medida em que esses forem aparecendo no discurso.

---

de interação e inter-relação entre os momentos que compõem o discurso. Para isso, sugiro a leitura de Rodrigues (2001) e de Rocha (2012), os quais propõem uma nova configuração e representação do modelo tridimensional de Fairclough (2001).

Outro erro, infelizmente comum entre iniciantes, é a aplicação de questionário que não atente, por exemplo, para a variante linguística e a escolaridade dos entrevistados. As respostas dadas, nesse caso, podem ser afetadas por inferências e leituras enviesadas dos colaboradores. Esse erro resulta em um prejuízo que pode, inclusive, invalidar a pesquisa como um todo. Para evitá-lo, outro olhar (de amigo ou professor) sempre é bem-vindo e diminui, sobremaneira, a ocorrência desse tipo de problema.

Para ilustrar, cito um trabalho com o qual tive contato e que, embora seja de outra área, revela um problema linguístico relacionado à coleta de dados. O pesquisador queria mostrar que feirantes tinham internalizado empiricamente estratégias de *marketing* no seu dia a dia de comerciantes. Para isso, aplicou um questionário, cujas perguntas utilizavam o jargão do *marketing* em uma variante não condizente com a escolaridade dos questionados (eles tinham chegado, no máximo, ao ensino fundamental). Diante dessa situação, como saber se as respostas dadas não foram "afetadas" por essa falta de cuidado com a adequação do questionário? Como não era possível chegar a certeza alguma a respeito disso, a pesquisa, fruto de uma pós-graduação *lato sensu*, foi invalidada pela banca.

8. Finalizando

Há alguns cuidados imprescindíveis que o analista crítico de discurso deve ter sempre para poder realizar uma análise mais consistente e, acima de tudo, não utilizar o esforço de uma pesquisa para legitimar estereótipos, silenciar ou caracterizar erroneamente grupos sociais.

Um trabalho realizado por um pesquisador tem um peso considerável quando usado por grupos que queiram manter seu *status quo*. Sobre a pesquisa científica "repousa" o argumento de autoridade. Fazer ciência é, acima de tudo, fazer política.

Referências

ADAM, J.-M. (2008). *A linguística textual. Introdução à análise textual dos discursos.* Trad.: Maria das Graças Soares Rodrigues *et alii*. São Paulo: Cortez.

ADORNO, T. W.; HORKHEIMER, M. (2006 [1947]). *Dialética do esclarecimento: fragmentos filosóficos.* Rio de Janeiro: Jorge Zahar Ed.

ALENCAR, C. N. (2005). Identidade e poder: reflexões sobre a linguística crítica. In: RAJAGOPALAN, K.; FERREIRA, D. M. M. (orgs.). *Políticas em linguagem: perspectivas identitárias.* São Paulo: Mackenzie, p. 39-60.

ALTHUSSER, L. (1992 [1971]). *Aparelhos ideológicos do Estado.* Rio de Janeiro: Edições Graal.

ANDERSON, G. L. (1989). Critical Ethnography in Education: Origins, Current Status, and New Directions. *Review of Educational Research*, v. 59, n. 3: 249-270.

ANGROSINO, M. (2009). *Etnografia e observação participante.* Trad.: José Fonseca. Porto Alegre: Artmed.

AQUINO, M. A. (2001). Configurações etnográficas demarcando um território de pesquisa: aula de leitura em sala de aula universitária. *Informação & Sociedade* (UFPB. Online), João Pessoa, v. 11, n. 1: 154-192. Disponível em: https://bit.ly/2lcg0A7. Acesso em: 15 de junho de 2018.

BAKHTIN, M. (VOLOCHÍNOV, V. N.) (2004). *Marxismo e filosofia da linguagem. Problemas fundamentais do método sociológico na ciência da linguagem.* Trad.: M. Lahud, Y. F. Vieira. São Paulo: Hucitec.

___ (2003). *Estética da criação verbal.* Trad.: Paulo Bezerra. São Paulo: Martins Fontes, 2003 [1979].

BARDIN, L. (2009). *Análise de conteúdo.* Lisboa: Edições 70.

BARROS, S. M. (2015). *Realismo crítico e emancipação humana. Contribuições ontológicas e epistemológicas para os estudos críticos do discurso.* Campinas: Ed. Pontes.

BAUER, M. W.; GASKELL, G. (orgs.) (2005 [2000]). *Pesquisa qualitativa com texto, imagem e som: um manual prático.* Trad.: P. A. Guareschi. Petrópolis: Vozes.

BAZERMAN, C. (2005). *Gêneros textuais, tipificação e interação.* Org.: A. P. Dionisio, J. C. Hoffnagel. Trad. e adapt.: J. C. Hoffnagel. São Paulo: Cortez.

BERARDI, L. (2003). *Análisis crítico del discurso: perspectivas latinoamericanas.* Santiago do Chile: Frasis Editora.

BESSA, D. (2007). *Charges eletrônicas das eleições 2006: uma análise de discurso crítica.* Dissertação (Mestrado em Linguística). Brasília: Universidade de Brasília, Brasília, 2007.

___ (2009). *Cidadãos e cidadãs em situação de rua: uma análise de discurso crítica da questão social.* (Tese de doutorado). Brasília: Universidade de Brasília.

___ (2014). Linguagem e situação de rua. In: MAGALHÃES, I.; CAETANO, C. J. M.; BESSA, D. (orgs.). *Pesquisas em análise de discurso crítica.* Covilhã: Livros LabCom, 2014, p. 25-51. Disponível em: <http://www.livroslabcom.ubi.pt/book/127>. Acesso em: 13 de junho de 2018.

BESSA, D.; NUNES, M. (2013). Discurso e situação de rua em Pernambuco. In: SATO, D. T. B.; BATISTA JR., J. R. L. (orgs.). *Contribuições da análise de discurso crítica no Brasil: uma homenagem a Izabel Magalhães.* Campinas: Pontes, p. 257-287.

BHASKAR, R. (1998). Critical Realism. Essential Readings. In: ARCHER, M.; BHASKAR, R.; COLLIER, A.; LAWSON, T.; NORRIE, A. (orgs.). *Centre For Critical Realism.* London: Routledge.

___ (2002). *From Science to Emancipation. Alienation and the Actuality of Enlightenment.* New Delhi/London: Sage Publications.

BLOMMAERT, J. (2005a). *Discourse. Key Topics in Sociolinguistics.* Cambridge: Cambridge University Press.

___ (2005b). *Discourse: a Critical Introduction.* Cambridge: Cambridge University Press.

BOLÍVAR, A.; KOHN, C. (1999). *El discurso político venezolano: um estudio multidisciplinario.* Caracas: Fondo Editorial Tropykos.

BORGES NETO, J. (2004). *Ensaios de filosofia da linguística.* São Paulo: Parábola.

BOURDIEU, P. (1989). *O poder simbólico.* Trad.: F. Tomaz. Lisboa/Rio de Janeiro: DIFEL.

BRONCKART, J. (1999). *Atividades de linguagem, textos e discursos. Por um interacionismo sociodiscursivo.* São Paulo: Educ.

CHAUÍ, M. (2004). *O que ideologia?* São Paulo: Brasiliense.

CHILTON, P. (2005). Missing Links in Mainstream CDA: Modules, Blends and the Critical Instinct. In: WODAK, R.; CHILTON, P. (org.). *A New Agenda in (Critical) Discourse Analysis: Theory, Methodology and Interdisciplinarity*. Amsterdam/Philadelphia: John Benjamins, p. 19-52.

CHOULIARAKI, L., FAIRCLOUGH, N. (1999). *Discourse in Late Modernity. Rethinking Critical Discourse Analysis*. Edimburgo: Edinburgh University Press.

CLIFFORD, J. (1998). Sobre a alegoria etnográfica. In: *A experiência etnográfica*. Rio de Janeiro: Editora UFRJ, p. 63-99.

CONNERTON, P. (1976). *Critical Sociology*. Harmondsworth: Penguin.

DIONISIO, A. P. (2011). Gêneros textuais e multimodalidade. In: KARWOSKI, A. M.; GAYDECZKA, B.; BRITO, K. S. (orgs.). *Gêneros textuais: reflexão e ensino*. São Paulo: Parábola, p. 114-132.

EAGLETON, T. (1997). *Ideologia*. São Paulo: Boitempo.

EISNER, Will (1999). *Quadrinhos e arte sequencial*. São Paulo: Martins Fontes.

FAIRCLOUGH, N. (1985). Critical and Descriptive Goals in Discourse Analysis. *Journal of Pragmatics*, 9: 739-763.

___ (1989). *Language and Power*. London: Longman.

___ (1991 [1990]). *As consequências da modernidade*. Trad.: Raul Fiker. São Paulo: Editora UNESP.

___ (1995). *Media Discourse*. Londres: Edward Arnold.

___ (1997). Discurso, mudança e hegemonia. In: PEDRO, Emília Ribeiro (org.). *Análise crítica do discurso: Uma perspectiva sociopolítica e funcional*. Lisboa: Caminho, p. 77-103.

___ (2000). Discourse, Social Theory and Social Research: The Case of Welfare Reform. *Journal of Sociolinguistics*, 4(2).

___ (2001). *Discurso e mudança social*. Trad., rev. téc. e pref.: I. Magalhães. Brasília: Editora da Universidade de Brasília.

___ (2001). The Dialectics of Discourse. *Textus*. XIV. 2: 231-242.

___ (2003). *Analysing Discourse. Textual Analysis for Social Research*. Londres-Nova York: Routledge.

___ (2005). Introdução: a análise de discurso crítica. In: *D.E.L.T.A*. São Paulo, v. 21: 1-9.

___ (2006). *Language and Globalization*. Londres: Routledge.

___ (2009). A Dialectical-Relational Approach to Critical Discourse Analysis. In: WODAK, Ruth; MEYER, Michael (orgs.). *Methods of Critical Discourse Analysis*. Londres: Sage, p. 162-86.

___ (2010 [1995]). *Critical Discourse Analysis: the Critical Study of Language*. Harlow: Longman Applied Linguistics.

___ (2012). Análise crítica do discurso como método em pesquisa social científica. Trad.: I. F. de Melo. *Linha D'Água*, São Paulo, v. 25, n. 2: 307-329, dec. 2012. Disponível em: https://bit.ly/2GTMxnA, último acesso em: 11 de abril de 2018.

FAIRCLOUGH, N.; WODAK, R. (1997). Critical Discourse Analysis. In: VAN DIJK, T. A. (org.). *Discourse Studies. A Multidisciplinary Introduction*, v. 2. Londres: Sage, p. 258-284.

FALCONE, K. (2005). *O acesso dos excluídos no espaço discursivo do jornal*. Recife: UFPE.

FEATHERSTONE, M. (1997). *O desmanche da cultura: globalização, pós-modernismo e identidade*. Trad.: C. E. M. de Moura. São Paulo: Studio Nobel; SESC.

FEIJÓ, G. V. (2014). ADC, ACN e fontes orais: algumas reflexões sobre interdisciplinaridade e ideologia. *Cadernos de Linguagem e Sociedade*, 15(2), p. 8-25 Disponível em: https://bit.ly/2r3J6EV. Acesso em: 27 de abril de 2018.

FOUCAULT, M. (1979b). Verdade e poder. In: *Microfísica do poder.* Rio de Janeiro: Edições Graal.

___ (1995). *Arqueologia do saber*. Rio de Janeiro: Forense Universitária.

___ (1997).*Vigiar e punir: história da violência nas prisões*. Petrópolis: Vozes.

___ (2003 [1971]. *A ordem do discurso.* São Paulo: Loyola.

___ (2009). *Microfísica do poder*. Rio de Janeiro: Graal.

FOWLER, R. (1991). *Language in the News: Discourse and Ideology in the Press*. Londres: Routledge.

FOWLER, R. Sobre a linguística crítica. In: CALDAS-COULTHARD, C.R.; COULTHARD, M. (orgs.). *Texts and Practices: Readings in Critical Discourse Analysis*. Trad.: D. S. Oliveira; D. C. Figueiredo. London: Routledge.

FOWLER, R.; HODGE, B.; KRESS, G.; TREW, T. (1979). *Language and Control*. London: Routledge and Kegan Paul.

FOWLER, R.; KRESS, G. (1979). Critical Linguistics. In: FOWLER, R. *et alii*. *Language and Control*. Londres: Routledge and Kegan Paul, 185-213.

FREIRE, P. (2007). *Pedagogia da autonomia. Saberes necessários à prática educativa*. São Paulo: Paz e Terra.

GAUDREAULT, A.; JOST, F. (2009). *A narrativa cinematográfica*. Brasília: Editora Universidade de Brasília.

GIDDENS, A. (1991). *As consequências da modernidade*. São Paulo: Unesp.

___ (1997). A vida em uma sociedade pós-tradicional. In: BECK, U. *et alii*. *Modernização reflexiva: política, tradição e estética na ordem social moderna*. Trad.: M. Lopes. São Paulo: Editora da UNESP, p. 73-133.

___ (2009). *A constituição da sociedade*. Trad.: Á. Cabral. São Paulo: Martins Fontes.

GIL, B. D. (2009). A canção de consumo: léxico e ideologia. In: GIL, B. D.; CARDOSO, E. A.; CONDÉ, V. G. (orgs.). *Modelos de análise linguística*. São Paulo: Contexto, p. 79-95.

GOMES, M. C. A. (2003). Considerações sobre gêneros híbridos, mídia e mudança social. *Trab. Ling. Aplic.*, Campinas, 41, jan./jun.: 9-22.

GONÇALVES-SEGUNDO, P. R. (2011). *Tradição, estabilidade e dinamicidade nas práticas discursivas: um estudo da negociação intersubjetiva na imprensa paulistana*. Tese (Doutorado em Letras). São Paulo: FFLCH-Universidade de São Paulo, São Paulo.

___ (2014). Convergências entre a análise crítica do discurso e a linguística cognitiva: integração conceptual, metáfora e dinâmica de forças. *Veredas*, v. 18, n. 2: 32-50. Disponível em: https://bit.ly/2r2FgMp [acesso: 26 de abril de 2018].

___ (2017). A relevância da noção de perspectivação conceptual (*construal*) no âmbito dos estudos do texto e do discurso: teoria e análise. *Letras*, v. 27, n. 54: 69-100.

GONÇALVES-SEGUNDO, P. R.; RIBEIRO, R. B. (2016). Envolvimento e empatia: a solidariedade construída nas colunas de aconselhamento em revistas. *Revista do GEL*, v. 13: 211-236.

GOUVEIA, C. A. M. (1997). *O amansar das tropas. Linguagem, ideologia e mudança social na instituição militar*. Tese (Doutorado em Linguística Aplicada). Lisboa: Universidade de Lisboa.

GRAMSCI, A. (1971). *Selections from the Prison Notebooks*. Org. e trad.: Q. Hou. G. Smith. New York: International Publishers.

___ (1995). *Concepção dialética da história*. Trad.: C. N. Coutinho. Rio de Janeiro: Civilização Brasileira, 1995.

GUARESCHI. P. (2005). *Sociologia crítica. Alternativas de mudança*. Porto Alegre: EDIPUCRS.

HABERMAS, J. (1972). *Knowledge and Human Interest*. Boston: Beacon Press.

___ (1984). *The Theory of Communicative Action*, vol. 1: *Reason and the Rationalization of Society*. Boston: Beacon Press.

HALL, S.; SOVIK, L. (orgs.) (2003). *Da diáspora: Identidades e mediações culturais*. Belo Horizonte: Editora UFMG; Brasília: Representação da UNESCO no Brasil.

HALLIDAY, M. A. K. (2004). *Introduction to Functional Grammar*. Ver.: C. Matthiessen. London: Hodder Arnold.

HANKS, W. F. (2008). *Língua como prática social: das relações entre língua, cultura e sociedade a partir de Bourdieu e Bakhtin*. Org.: A. C. Bentes; R. C. Rezende; M. A. R. Machado, São Paulo: Cortez.

HART, C. (2010). *Critical Discourse Analysis and Cognitive Science: New Perspectives on Immigration Discourse*. Basingstoke: Palgrave Macmillan.

___ (2014). *Discourse, Grammar and Ideology: Functional and Cognitive Perspectives*. London: Bloomsbury.

HARVEY, A. (2005). *En torno al discurso: contribuciones de América Latina*. Santiago : Ediciones Universidad Catolica de Chile.

HARVEY, D. (1992). *Condição pós-moderna: uma pesquisa sobre as origens da mudança cultural*. Trad.: A.U. Sobral; M. S. Gonçalves. São Paulo: Loyola.

HARVEY, D. (2005). *En torno al discurso: contribuciones de América Latina*. Santiago: Ediciones Universidad Catolica de Chile, 2005.
HEATH, S. B. (1983) *Ways with Words: Language, Life and Work in Communities and Classrooms*. Cambridge: Cambridge University Press.
HORKHEIMER, M. (1972). *Critical Theory*. New York: Herder and Herder.
KINCHELOE, J.; McLAREN, P. (2003). Rethinking Critical Theory and Qualitative Research. In: DENZIN, N.; LINCOLN, Y. (orgs.). *Handbook of Qualitative Research: Theories and Issues*. Thousand Oaks: Sage, p. 279-314.
KOMPRIDIS, N. (2006). *Critique and Disclosure: Critical Theory between Past and Future*. Cambridge, Mass.: MIT Press.
KRESS, G. (1990). Critical Discourse Analysis. In: GRABE, W. (org.). *Annual Review of Applied Linguistics*, Cambridge, n. 11, p. 84-99.
___ (2001). *Multimodal Discourse: the Modes and Media of Contemporary Communication*. Londres: Arnold.
___ (2010). *Multimodality: a Social Semiotic Approach to Contemporary Communication*. London: Routledge.
KRESS, G.; HODGE. B. (1979). *Language and Ideology*. London: Routledge.
KRESS, G.; VAN LEEUWEN, T. (2006). *Reading Images: the Grammar of Visual Design*. London: Routledge.
KRISTEVA, J. (1986). Word, Dialogue and Novel. In: MOI, T. (org.). *The Kristeva Reader*. Oxford: Basil Blackwell, p. 34-61.
LEAL, M. C. D. (2009). Quem são eles? A questão da identidade em manifestações de rua. In: SILVA, D. H. G.; LEAL, M. C. D.; PACHECO, M. C. N. (orgs.). *Discurso em questão. Representação, gênero, identidade, discriminação*. Goiânia: Cânone Editorial, p. 115-126.
LEMKE, J. (2005). *Textual Politics: Discourse and Social Dynamics*. London: Taylor and Francis.
LIMA, M. C. de (2013). Diálogos entre imprensa negra e estudos do discurso: representações de negros na mídia impressa do século XX. In: SATO, D. T. B.; BATISTA JR., J. R. L. (orgs.). *Contribuições da análise de discurso crítica no Brasil: uma homenagem a Izabel Magalhães*. Campinas: Pontes, p. 97-118.
LUSTOSA, S. C. L. (2013). *Brasilidade no cinema nacional: problematizando os processos de identidade*. Tese de doutorado. Brasília: Universidade de Brasília, 2013.
MAFRA, N. D. F. (2007). *Cultura midiática na licenciatura em Letras*. Tese (Doutorado em Educação). Campinas: Faculdade de Educação, Universidade Estadual de Campinas, 2007.
MAGALHÃES, I. (2004). Teoria crítica do discurso e texto. *Linguagem em (Dis)curso*. Tubarão, v. 4, n. especial. Disponível em: < https://bit.ly/2HTT3dF>. Acesso em: 15 de junho de 2018.
___ (2004). Escrita e Identidade. *Cadernos de Linguagem e Sociedade*. Brasília, 7: 106-118.
___ (2005). Introdução: a Análise de Discurso Crítica. *D.E.L.T.A.*, v. 21, São Paulo: EDUC, número especial, p. 1-9.
___ (2006). Discurso, ética e identidades de gênero. In: MAGALHÃES, I., CORACINI, M. J., GRIGOLETTO, M. (orgs.). *Práticas identitárias: língua e discurso*. São Carlos: Claraluz, p. 71-96.
___ (2010). Análise de discurso crítica: questões e perspectivas para a América Latina, In: RESENDE, V.; PEREIRA, F. H. (orgs.). *Práticas socioculturais e discurso. Debates transdisciplinares*. Covilhã: LabCom Books, p. 9-28.
MAINGUENEAU, D. (1989). *Análise do discurso: novas tendências em análise do discurso*. Trad.: F. Indursky. Campinas: Pontes.
MARCONDES, D. (1997). *Iniciação à história da filosofia: dos pré-socráticos a Wittgenstein*. Rio de Janeiro: Jorge Zahar.
MARCUSCHI, L. A. (2004). Contribuição da linguística contemporânea ao estudo das relações entre língua e conhecimento. In: HENRIQUES, C. C.; SIMÕES, D. (orgs.). *Língua e cidadania: novas perspectivas para o ensino*. Rio de Janeiro: Europa, p. 255-272.
___ (2008). *Produção textual, análise de gêneros e compreensão*. São Paulo: Parábola Editorial, 2008.

MARCUSE, H. *Negations: Essays in Critical Theory*. Boston: Beacon Press, 1968.
MARTINS, A. R. N. (2011). *A polêmica construída. Racismo e discurso da imprensa sobre a política de cotas para negros*. Brasília: Editora do Senado.
MARX, K.; ENGELS, F. (2002). *A ideologia alemã*. São Paulo: Martins Fontes, p. 24-25.
MATTHIESSEN, C. (2009). Ideas and New Directions. In: HALLIDAY, M.; WEBSTER, J. (orgs.) (2009). *Continuum Companion to Systemic Functional Linguistics*. London: Continuum, p. 12-58.
MCLUHAN, M. (1977). *A galáxia de Gutenberg; a formação do homem tipográfico*. Trad.: L. G. de Carvalho e A. Teixeira. São Paulo: Companhia Editora Nacional.
MELO, I. F. (2012). Por uma análise crítica do discurso. In: MELO, I. F. (org.). *Introdução aos estudos críticos do discurso: teoria e prática*. Campinas: Pontes, p. 53-98.
___ (2013). *Ativismo LGBT na imprensa brasileira: análise crítica da representação de atores sociais na Folha de S.Paulo*. Doutorado. São Paulo: Universidade de São Paulo.
MEURER, J. L.; BONINI, A.; MOTTA-ROTH, D. (orgs.) (2005). *Gêneros: teorias, métodos, debates*. São Paulo: Parábola, 2005.
OLIVEIRA, K. C. (2012). *Jornal Correio Paulistano — constituição e mudança do gênero anúncio de emprego (1854 a 1900) sob a perspectiva crítico-discursiva*. Tese (Doutorado). São Paulo: FFLCH-Universidade de São Paulo. São Paulo, 2012.
OLIVEIRA, L. A.; CARVALHO, M. A. B. (2013). Fairclough. In: OLIVEIRA, L. A. (org.). *Estudos do discurso: perspectivas teóricas*. São Paulo: Parábola Editorial, 2013.
ORLANDI, E. P. (1997). *As formas do silenciamento: no movimento dos sentidos*. São Paulo: Brasiliense.
OTTONI, M. A. R. (2013). Dois casos de violência no Brasil: a representação de fatos e de atores sociais em gêneros da mídia impressa. In: SATO, D. T. B.; BATISTA JR., J. R. L. (orgs.). *Contribuições da análise de discurso crítica no Brasil: uma homenagem a Izabel Magalhães*. Campinas: Pontes, p. 69-96.
PARDO ABRIL, N. G. (2013). Cómo hacer análisis crítico del discurso: una perspectiva latinoamericana. *Poder, discurso y sociedad* (2). Bogotá: Universidad Nacional de Colombia. Instituto de Estudios en Comunicación y Cultura (IECO).
PARDO, M. L. (2011). *Teoría y metodología de la investigación lingüística: método sincrónico-diacrónico de análisis lingüístico de textos*. Buenos Aires: Editorial Tersites.
___ (2015). El análisis del discurso: su origen y expansión. Correspondência pessoa por *e-mail* em 30 abr. 2015.
PASSOS, M. V. F. (2012). O gênero “meme” em propostas de produção de textos: implicações discursivas e multimodais. In: *Anais do SIELP*. Vol. 2, n. 1. Uberlândia: EDUFU.
PÊCHEUX, M. (1990). Análise automática do discurso. In: GADET, F.; HAK, T. (orgs.). *Por uma análise automática do discurso: uma introdução à obra de Michel Pêcheux*. Trad.: E. Orlandi *et alii*. Campinas: Ed. da Unicamp.
PEDRO, E. R. (1997). Análise crítica do discurso: aspectos teóricos, metodológicos e analíticos. In: PEDRO, E. R. (org.). *Análise crítica do discurso: uma perspectiva sociopolítica e funcional*. Lisboa: Caminho, p. 19-46.
___ (1997). *Análise crítica do discurso: uma perspectiva sociopolítica e funcional*. Lisboa: Editorial Caminho.
PEDROSA, C. E. F. (2008). *Análise crítica do discurso: do linguístico ao social no gênero midiático (interface: Letras e Comunicação Social)*. Aracaju: Editora da UFS.
PONTES, H. (2009). A construção discursiva de identidades sociais no gênero noticioso. *Cadernos de Linguagem e Sociedade*, v. 10, p. 31-55.
PONTES, H.; RESENDE, V. (2011). *Análise de discurso (para a) crítica: o texto como material de pesquisa*. Campinas: Pontes.
QUIRINO, M. R. (2006). Bois Don’t Cry. *Charges.com.br*. Disponível em: <http://www.charges.com.br>. Acesso em: 27 set. 2006.
QUIRINO, M. R. (2006). Classes sociais e o voto. *Charges.com.br*. Disponível em: <http://www.charges.com.br>. Acesso em: 27 set. 2006.
RAJAGOPALAN, K. (2002). Teorizando a resistência. In: SILVA, D. E. G.; VIEIRA, J. A. *Análise do discurso: percursos teóricos e metodológicos*. Brasília: UnB.
___ (2014). Prefácio. In SATO, D. T. B. e BATISTA JR.. R. L. *Contribuições da análise de discurso crítica no Brasil: uma homenagem a Izabel Magalhães*. Campinas: Pontes.

RAMALHO, V. (2009). Análise de discurso e realismo crítico: princípios para uma abordagem crítica explanatória do discurso. *Anais da XII Conferência Anual da Associação Internacional para o Realismo Crítico*: 1-19. Disponível em: https://bit.ly/2Jwj9oo. Acesso em: 15 de junho de 2018.

___ (2010). *Análise de discurso crítica da publicidade. Um estudo sobre a promoção de medicamentos no Brasil*. Covilhã: Labcom Livros.

RAMALHO, V. V. S.; RESENDE, V. M. (2011). *Análise de discurso (para a) crítica: o texto como material de pesquisa*. Campinas: Pontes.

REISIGL, M. (2001). *Discourse and Discrimination: Rhetorics of Racism and Antisemitism*. Nova York: Routledge.

REISIGL, M.; WODAK. (2009). The Discourse-Historical Approach (DHA). In: WODAK, R.; MEYER, M. *Methods of Critical Discourse Analysis*. Londres: Sage.

RESENDE, V. M. (2008). *Análise de discurso crítica e etnografia: o movimento nacional de meninos e meninas de rua, sua crise e o protagonismo juvenil*. Tese (Doutorado em Linguística). Brasília: Universidade de Brasília.

___ (2009). *Análise de discurso crítica e realismo crítico: implicações interdisciplinares*. Campinas: Pontes.

RESENDE, V. M.; RAMALHO, V. (2006). *Análise de discurso crítica*. São Paulo: Contexto.

___ (2012). Análise de discurso crítica como interdisciplina para a crítica social: uma introdução. In: MELO, I. F. (org.). *Introdução aos estudos críticos do discurso: teoria e método*. Campinas: Pontes, 2012.

RESENDE, V.; PEREIRA, F. H. (2010). Práticas socioculturais e discurso: uma apresentação. In: RESENDE, V.; PEREIRA, F. H. (orgs.). *Práticas socioculturais e discurso. Debates transdisciplinares*. Covilhã: LabCom Books, p. 1-7.

REYES, L. C.; PARDO ABRIL, N. (1991). *Un modelo lingüístico para el análisis integral de discursos: propuesta metodológica aplicada a "El otoño del patriarca"*. Bogotá: Instituto Caro y Cuervo.

RIBEIRO, A. E. (2016). *Textos multimodais: leitura e produção*. São Paulo: Parábola.

ROCHA, H. (2012). *Um novo paradigma de revisão de texto: discurso, gênero e multimodalidade*. Tese de doutoramento. Brasília: Universidade de Brasília, 2012.

RODRIGUES, E. G. (2001). *Sobre a consciência e a crítica: discurso, reflexividade e identidade na formação de professores(as) alfabetizadores(as)*. Dissertação de mestrado. Brasília: Universidade de Brasília.

SAID, E. (2007). *Orientalismo: o Oriente como invenção do Ocidente*. São Paulo: Companhia de Bolso.

SAMPAIO, I. S. V. (2004). *Televisão, publicidade e infância*. São Paulo: Annablume Editora.

SAMPAIO, R. (2013). *Propaganda de A a Z*. Rio de Janeiro: Elsevier.

SOUSA SANTOS, B. (2009). *Reinventar a teoria crítica e reinventar a emancipação social*. Trad.: M. Benedito. São Paulo: Boitempo.

SATO, D. T. B.; BATISTA JR., J. R. L. (orgs.). (2013). Apresentação. In: *Contribuições de análise de discurso crítica no Brasil: uma homenagem a Izabel Magalhães*. Campinas: Pontes.

SAYER, A. (2000). *Realism and Social Science*. London: Sage Publications.

SPIVAK, G. C. (2000). The New Subaltern: a Silent Interview. In: CHATURVEDI, V. *Mapping Subaltern Studies and the Postcolonial*. Londres: Verso, p. 324-340.

___ (2010). *Pode o subalterno falar?* Trad.: Sandra Regina Goulart Almeida, Marcos Pereira Feitosa, André Pereira Feitosa. Belo Horizonte: Ed. UFMG.

STRATHERN, M. (2005). *Audit Cultures: Anthropological Studies in Accountability, Ethics and the Academy*. Londres e Nova York: Routledge.

SWALES, J. (1990). *Genre Analysis*. Cambridge: Cambridge University Press.

THOMAS, J. (1993). *Doing Critical Ethnography*. London: Sage Publications.

THOMPSON, J. B. (2002). *Ideologia e cultura moderna: teoria social crítica na era dos meios de comunicação de massa*. Trad.: Grupo de Estudos sobre Ideologia, Comunicação e Representações Sociais da Pós-Graduação do Instituto de Psicologia da PUCRS. Petrópolis: Editora Vozes.

___ (2008). *Mídia e modernidade: uma teoria social da mídia*. Trad.: Wagner de Oliveira Brandão. Petrópolis, Rio de Janeiro: Vozes.

TITSCHER, S. *et alii* (2000). *Methods of Text and Discourse Analysis*. Londres: Sage.

TUKANO, Á. (199). A questão indígena pelos índios. Disponível em: http://youtu.be/5nPtqlaHU3k. Último acesso: 7 de julho de 2013.
TURNER, J. (1999). Teorização analítica. In: TURNER, J.; GIDDENS, A. (orgs.). *Teoria social hoje*. Trad.: G. C. C. Sousa. São Paulo: Editora da UNESP, p. 229-280.
VAN DIJK, T. A. (2003). *Ideología y discurso: una introducción multidisciplinaria*. Barcelona: Ariel.
___ (2003). *Racismo y discurso de las élites*. Barcelona: Gedisa.
___ (2004). *Cognição, discurso e interação*. São Paulo: Contexto.
___ (2005). Multidisciplinarity CDA: a Plea for Diversity. In: WODAK, R.; MEYER, M. (orgs.). *Methods of Critical Discourse Analysis*. Londres: Sage, p. 95-120.
___ (org.). (2007). *Racismo y discurso en América Latina*. Barcelona: Gedisa.
___ (2008). *Discurso e poder*. Trad.: J. Hoffnagel. São Paulo: Contexto.
___ (2013). *CDA is not a Method of Critical Discourse Analysis*. Disponível em: <http://www.edisoportal.org/debate/115-cda-not-method-critical-discourse-analysis>. Acesso em: 10 jun. 2015.
___ (2015). Cincuenta años de estudios del discurso. *Discurso & Sociedad*. v. 9(1) 15-32. Disponível em: <www.dissoc.org>. Acesso em: 10. jun. 2015.
VAN LEEUWEN, T. (1997). A representação dos atores sociais. In: PEDRO, Emília R. *Análise crítica do discurso: uma perspectiva sociopolítica e funcional*. Lisboa: Caminho, p. 169-182.
___ (2005). Three Models of Interdisciplinarity. In: WODAK, R.; CHILTON, Paul (orgs.). *A New Agenda in (Critical) Discourse Analysis: Theory, Methodology and Interdisciplinarity*. Amsterdam: John Benjamins Publishing Co.
___ (2008). *Discourse and Practice: New Tools for Critical Discourse Analysis*. Nova York: Oxford University Press.
VANDENBERGUE, F. (2010). *Teoria social realista. Um diálogo franco-britânico*. Belo Horizonte: UFMG.
VIEIRA, J. A. (2002). As abordagens críticas e não-críticas em análises do discurso. In: SILVA, D.E. G.; VIEIRA, J. A. *Análise do discurso: percursos teóricos e metodológicos*. Brasília: UnB.
___ (2007). Novas perspectivas para o texto: uma visão multissemiótica. In: VIEIRA, J.; ROCHA, H. da; MAROUN, C. R. VIEIRA, J. A. *et alii* (2007). *Reflexões sobre a língua portuguesa: uma abordagem multimodal*. Petrópolis: Vozes.
VOLOSHINOV, V. (2017). *Marxismo e filosofia da linguagem. Problemas fundamentais do método sociológico na ciência da linguagem*. Trad.: S. Grillo; E. V. Américo. São Paulo: Editora 34.
WIELEWOCKI, V. H. G. (2001). A pesquisa etnográfica como construção discursiva. *Acta Scientiarum*. Maringá. Disponível em: https://bit.ly/2r5hkr7. Acesso: 27/04/2018.
WODAK, R. (1996). *Disorders of Discourse*. Nova York: Longman.
___ (2005). The Discourse-Historical Approach. In: WODAK, R.; MEYER, M. (orgs.). *Methods of Critical Discourse Analysis*. Londres. Sage, p. 63-94.
___ (2005). What CDA Is About — a Summary of its History, Important Concepts and its Developments. In: WODAK, R.; MEYER, M. (orgs.). *Methods of Critical Discourse Analysis*. Londres. Sage, p. 1-33.
___ (2008). Introduction: Discourse Studies — Important Concepts and Terms. In: WODAK, R.; KRZYZANOWSKI, M. *Qualitative Discourse Analysis in the Social Sciences*. Londres: Palgrave Macmillan.
WODAK, R.; CHILTON, Paul (orgs.) (2005). *A New Agenda in (Critical) Discourse Analysis: Theory, Methodology and Interdisciplinarity*. Amsterdam: John Benjamins Publishing Co..
WODAK, R.; MEYER, M. (orgs.) (2009). *Methods of Critical Discourse Analysis*. Londres. Sage.
YARED, M. L. M. (2013). A representação da corrupção pela imprensa escrita: uma perspectiva pela análise de discurso crítica. In: SATO, D. T. B.; BATISTA JR., J. R. L. (orgs.). (2013). Apresentação. In: *Contribuições de análise de discurso crítica no Brasil: uma homenagem a Izabel Magalhães*. Campinas: Pontes, p. 289-306.
ZUIN, A. S.; PUCCI, B.; RAMOS-DE-OLIVEIRA, N. (orgs.) (1998). *A educação danificada. Contribuições à teoria crítica da educação*. Petrópolis: Vozes. São Carlos: UFSCar.

Autoras/ Autores

André Ricardo Nunes Martins — Membro do Núcleo de Estudos de Linguagem e Sociedade da Universidade de Brasília, UnB. Graduado em jornalismo pela Universidade Federal do Maranhão, é mestre em Comunicação (FAC-UnB) e doutor em Linguística (LIP-UnB), com passagem pela Universidade Pompeu Fabra, Barcelona. Tem pesquisado e publicado trabalhos — sempre baseado na análise de discurso crítica — em temas relacionados a racismo, minorias, imprensa e mídia. Jornalista, trabalha como repórter e apresentador na TV Senado. Sua tese *A polêmica construída — racismo e discurso da imprensa sobre a política de cotas para negros* foi publicada em 2011, pela editora do Senado Federal.

Décio Bessa — Professor titular da Universidade do Estado da Bahia (Campus X), é doutor (2009) e mestre (2007) em linguística pela Universidade de Brasília, com pós-doutorado em linguística (2011) pela Universidade Federal do Ceará. Graduou-se em Letras (1999) e fez especialização em linguística aplicada ao português: produção de texto (2000) e especialização em literatura brasileira (2003) pela Universidade do Estado da Bahia. É membro da Associação de Linguística Aplicada do Brasil e da Asociación Latinoamericana de Estudios del Discurso. Tem experiência na área de linguística, com ênfase em análise de discurso crítica, atuando principalmente nos seguintes temas: discurso, situação de rua e mídia.

Denise Silva Macedo — Doutora e mestra em linguística pela Universidade de Brasília. Graduada em letras/inglês. Especialista em docência da língua portuguesa. Especialista em revisão de texto. Membro do Centro de Pesquisas em Análise de Discurso Crítica e do Grupo de Pesquisa Discursos nas Práticas Sociais. Desenvolve pesquisas na área de análise de discurso crítica e de multimodalidade. Autora de artigos e de resenhas sobre análise de discurso crítica e multimodalidade em revistas e em livros especializados.

Denise Tamaê Borges Sato — Doutora e mestra em linguística pela Universidade de Brasília. É autora do *Manual de redação do Governo de Goiás* (juntamente com a comissão de elaboração) e gestora governamental, consultora ad hoc da Fundação de Amparo à Pesquisa do Estado de Goiás. Colaboradora permanente do Laboratório Experimental de Ensino e Pesquisa em Leitura e Produção Textual (LPT/CTF/UFPI/CNPq). Tem experiência na área de linguística, com ênfase em análise de discurso crítica, letramento e inclusão.

Iran Ferreira de Melo — Professor de língua portuguesa e linguística, doutor em letras/filologia e língua portuguesa (Universidade de São Paulo - 2013), mestre em letras/linguística (Universidade Federal de Pernambuco - 2007) e licenciado em letras/língua portuguesa (Universidade Federal de Pernambuco - 2004). Desenvolve pesquisas sob os paradigmas da análise crítica do discurso e da linguística aplicada ao ensino de língua portuguesa como idioma materno e ao estudo de práticas discursivas sobre a diversidade sexual e de gênero na imprensa. Utiliza a linguística sistêmico-funcional como ferramenta orientadora para análises textuais e tem interesse por investigações sobre subalternidades e movimentos sociais. Atualmente é professor da Universidade Federal Rural de Pernambuco, onde coordena o Outras Palavras - Núcleo de Estudos em Teoria Crítica do Discurso. Na Universidade de São Paulo, é pesquisador do Núcleo de Estudos em Análise Crítica do Discurso e do grupo de pesquisa Projeto História do Português Paulista.

Josenia Antunes Vieira — Professora titular da Universidade de Brasília, pós-doutora em análise de discurso crítica e multimodalidade pela Universidade de Lisboa (2001) e pelo IPL/PT (2008). Doutora e mestra em linguística aplicada pela PUC/RS. Professora do doutorado e do mestrado do PPGL da Universidade de Brasília. Pesquisadora e autora de diversos livros e artigos sobre multimodalidade, análise de discurso crítica e letramento. Líder do Grupo de Pesquisa Discursos nas Práticas Sociais e editora da revista *Discursos Contemporâneos em Estudo.*

José Ribamar Lopes Batista Jr. — Doutor e mestre em linguística pela Universidade de Brasília. É membro do Grupo de Estudos Linguísticos do Nordeste. Atualmente, é professor do ensino básico, técnico e tecnológico da Universidade Federal do Piauí, fundador e coordenador do Laboratório Experimental de Ensino e Pesquisa em Leitura e Produção Textual (LPT/CTF/UFPI/CNPq). Dedica-se a estudos nas áreas dos novos estudos do letramento e da análise de discurso crítica, atuando principalmente nos seguintes temas: tecnologias digitais no ensino de língua portuguesa, identidades, discursos e educação inclusiva.

Luciane Cristina Eneas Lira — Doutora e mestra em linguística pelo Programa de Pós-Graduação em Linguística da Universidade de Brasília. Atua principalmente nos seguintes temas: linguagem, criatividade, identidade, adolescência, infância, gênero discursivo e gênero social. É professora de língua portuguesa no Instituto Federal Educação, Ciência e Tecnologia de Brasília, *campus* São Sebastião e atualmente é coordenadora do curso de Letras Língua Portuguesa.

Paulo Roberto Gonçalves-Segundo — Doutor em Letras (2011) pelo Programa de Filologia e Língua Portuguesa da Universidade de São Paulo. Tem experiência na área de linguística, com pesquisas orientadas à articulação entre linguagem, cognição e discurso. Atua tanto no campo da análise crítica do discurso, promovendo diálogos com a linguística sistêmico-funcional, com a linguística cognitiva e com a teoria da argumentação, quanto na área de linguística aplicada, pensando na articulação entre gramática e textualidade, por meio de um olhar amparado pelas perspectivas cognitivo-funcional e discursivo-textual. É pesquisador dos projetos temáticos História do Português Paulista e História do Português Brasileiro, primeiro líder do Núcleo de Estudos em Análise Crítica do Discurso da USP, membro dos grupos de pesquisa Estudos de Linguagem, Argumentação e Discurso e Grupo de Estudos do Discurso da USP, integrante do Grupo de Trabalho da ANPOLL sobre Argumentação, além de ser um dos editores da *Revista Eletrônica de Estudos Integrados em Discurso e Argumentação* (EID&A). Atualmente, é professor doutor adjunto, com dedicação exclusiva, da Faculdade de Filosofia, Letras e Ciências Humanas da USP e coordenador do Programa de Pós-Graduação em Filologia e Língua Portuguesa na mesma universidade.

Regysane Botelho Cutrim Alves — Professora adjunta de língua portuguesa e língua inglesa da Universidade Federal do Maranhão, Campus II. Doutora em linguística pela Universidade de Brasília e mestra em letras pela Pontifícia Universidade Católica do Rio de Janeiro. Graduada em letras - português/inglês pela Universidade Federal do Maranhão. Coordenadora do Grupo de Pesquisa "inguagem, Discurso, Mídia e Educação (CNPq). Atua em pesquisas em análise de discurso crítica, com foco nas práticas discursivas da mídia, em especial as que envolvem a infância.

Solange de Carvalho Lustosa — Doutora e mestra em linguística pela Universidade de Brasília. É autora do *Manual de redação oficial do Corpo de Bombeiros Militar do Distrito Federal*, revisora e professora colaboradora do Centro Universitário de Brasília, orientando trabalhos de conclusão de curso do curso de pós-graduação em revisão de texto. Tem experiência na área de linguística, com ênfase em análise de discurso crítica, multimodalidade (com desenvolvimento de teorias e metodologias de análise da imagem em movimento) e revisão de texto numa perspectiva de gênero.

Solange Maria de Barros — Doutora em linguística aplicada e estudos da linguagem pela Pontifícia Universidade Católica de São Paulo. Fez estudos doutorais livres na Universidade de Lancaster, sob a supervisão de Norman Fairclough, pós-doutorado no Instituto de Educação da Universidade de Londres, sob a supervisão de Roy Bhaskar. Professora efetiva da Universidade Federal de Mato Grosso. Atua como pesquisadora na área de formação crítica de professores, análise crítica do discurso e realismo crítico. É membro do Grupo Brasileiro de Estudos de Discurso, Pobreza e Identidades (CNPq), da Associação Latino-americana de Estudos do Discurso, da Rede Latinoamericana de Análise de Discurso da Pobreza e do conselho editorial do *International Journal of Humanities and Cultural Studies* (IJHCS).

Coleção LinguaGEM

1. *Português ou brasileiro? Um convite à pesquisa*, Marcos Bagno
2. *Linguagem & comunicação social*, Manoel Luiz Gonçalves Corrêa
3. *Por uma linguística crítica*, Kanavillil Rajagopalan
4. *Educação em língua materna: a sociolinguística na sala de aula*, Stella Maris Bortoni-Ricardo
5. *Sistema, mudança e linguagem*, Dante Lucchesi
6. *"O português são dois"*, Rosa Virgínia Mattos e Silva
7. *Ensaios para uma sócio-história do português brasileiro*, Rosa Virgínia Mattos e Silva
8. *A linguística que nos faz falhar*, Kanavillil Rajagopalan & Fábio Lopes da Silva [orgs.]
9. *Do signo ao discurso*, Inês Lacerda Araújo
10. *Ensaios de filosofia da linguística*, José Borges Neto
11. *Nós* cheguemu *na escola, e agora?*, Stella Maris Bortoni-Ricardo
12. *Doa-se lindos filhotes de* poodle, Maria Marta Pereira Scherre
13. *A geopolítica do inglês*, Yves Lacoste [org.]
14. *Gêneros*, José Luiz Meurer, Adair Bonini & Désirée Motta-Roth [orgs.]
15. *O tempo nos verbos do português*, Mª Luiza M. S. Corôa
16. *Considerações sobre a fala e a escrita*, Darcilia Simões
17. *Princípios de linguística descritiva*, Mário A. Perini
18. *Fundamentos empíricos para uma teoria da mudança linguística*, U. Weinreich, W. Labov & M. I. Herzog
19. *Por uma linguística aplicada indisciplinar*, Luiz P. da Moita Lopes
20. *Origens do português brasileiro*, Anthony Julius Naro & Maria Marta Pereira Scherre
21. *Introdução à gramaticalização*, Sebastião C. L. Gonçalves, Mª Célia Lima-Hernandes & Vânia Cristina Casseb-Galvão [orgs.]
22. *O acento em português*, Gabriel Antunes de Araújo [org.]
23. *Sociolinguística quantitativa*, Gregory R. Guy & Ana Mª S. Zilles
24. *Metáfora*, Tony Berber Sardinha
25. *Norma culta brasileira*, Carlos Alberto Faraco
26. *Padrões sociolinguísticos*, William Labov
27. *Gênese dos discursos*, Dominique Maingueneau
28. *Cenas da enunciação*, Dominique Maingueneau
29. *Estudos de gramática descritiva*, Mário A. Perini
30. *Caminhos da linguística histórica*, Rosa Virgínia Mattos e Silva
31. *Limites do discurso*, Sírio Possenti
32. *Questões para analistas do discurso*, Sírio Possenti
33. *Linguagem & diálogo*, Carlos Alberto Faraco
34. *Nomenclatura Gramatical Brasileira*, Claudio Cezar Henriques
35. *Língua na mídia*, Sírio Possenti
36. *Malcomportadas línguas*, Sírio Possenti
37. *Linguagem. Gênero. Sexualidade*, Ana Cristina Ostermann & Beatriz Fontana [orgs.]
38. *Em busca de Ferdinand de Saussure*, Michel Arrivé
39. *A noção de "fórmula" em análise do discurso*, Alice Krieg-Planque
40. *Geolinguística*, Suzana Alice Marcelino Cardoso
41. *Doze conceitos em análise do discurso*, Dominique Maingueneau
42. *O discurso pornográfico*, Dominique Maingueneau
43. *Falando ao pé da letra*, Roxane Rojo
44. *Nova pragmática*, Kanavillil Rajagopalan
45. *Bakhtin desmascarado*, Jean-Paul Bronckart & Cristian Bota
46. *Gênero textual, agência e tecnologia*, Carolyn R. Miller
47. *Linguística de texto: o que é e como se faz?*, Luiz A. Marcuschi
48. *A gramática passada a limpo*, Maria Helena de Moura Neves
49. *O sujeito em peças de teatro (1833-1992)*, Maria Eugênia Lammoglia Duarte [org.]
50. *Português no século XXI*, Luiz Paulo da Moita Lopes [org.]
51. *Da linguística formal à linguística social*, Roberto G. Camacho
52. *Estudos do discurso*, Luciano Amaral Oliveira [org.]
53. *Gênero – história, teoria, pesquisa, ensino*, Anis B. Bawarshi & Mary Jo Reiff
54. *Introdução à teoria enunciativa de Benveniste*, Valdir do N. Flores
55. *Linguística aplicada na modernidade recente*, Luiz Paulo da Moita Lopes [org.]
56. *Gramáticas contemporâneas do português*, Maria Helena de Moura Neves & Vânia Cristina Casseb-Galvão
57. *Letramentos sociais, na etnografia e na educação*, Brian V. Street
58. *A ordem das palavras no português*, Erotilde Goreti Pezatti
59. *Frases sem texto*, Dominique Maingueneau
60. *Espanhol e português brasileiro*, Adrián Pablo Fanjul & Neide Maia González [orgs.]
61. *Sujeitos em ambientes virtuais*, Maria Cecilia Mollica, Cynthia Patusco & Hadinei Ribeiro Batista [orgs.]
62. *Vološinov e a filosofia da linguagem*, Patrick Sériot
63. *A história das línguas*, Tore Janson
64. *Discurso e análise do discurso*, Dominique Maingueneau
65. *Sobre a fala dialogal*, Lev Jakubinskij
66. *Retórica da ação letrada*, Charles Bazerman
67. *Teoria da ação letrada*, Charles Bazerman
68. *Unidade e variação na língua portuguesa*, André C. Valente
69. *Linguística funcional*, Maria Angélica Furtado da Cunha, Mariangela R. de Oliveira & Mário Eduardo Martelotta [orgs.]
70. *O texto e seus conceitos*, Ronaldo de Oliveira Batista [org.]
71. *Gramáticas brasileiras*, Carlos A. Faraco & Francisco E. Vieira [orgs.]
72. *Saussure, o texto e o discurso*, Marcio Alexandre Cruz, Carlos Piovezani & Pierre-Yves Testenoire [orgs.]
73. *O efeito Saussure*, Carlos Alberto Faraco [org.]
74. *Dinâmicas funcionais da mudança linguística*, Marcos Bagno, Vânia Casseb-Galvão & Tânia F. Rezende [orgs.]
75. *Gêneros no contexto brasileiro*, Benedito Gomes Bezerra
76. *A pessoa no discurso*, Adrián Pablo Fanjul
77. *O todo da língua*, Vânia Casseb-Galvão & Maria Helena de Moura Neves [orgs.]
78. *Saussure e Benveniste no Brasil*, Valdir do Nascimento Flores
79. *Mikhail Bakhtin*, Alastair Renfrew
80. A *gramática tradicional – História crítica*, Francisco E. Vieira
81. *Filologia, história e língua – Olhares sobre o português medieval*, Leonardo Lennertz Marcotulio; Célia Regina dos Santos Lopes; Mário Jorge da Motta Bastos & Thiago Laurentino de Oliveira
82. *Qual política linguística? Desafios glotopolíticos contemporâneos*, Xoán Carlos Lagares
83. *Análise de discurso crítica – para linguistas e não linguistas*, José Ribamar Lopes Batista Jr.; Denise Tamaê Borges Sato & Iran Ferreira de Melo [orgs.]
84. *A linguística, o texto e o ensino da língua*, José Carlos Azeredo
85. *Língua portuguesa – Tradições e modernidade*, Tania Maria N. de L. Camara; Denise S. Santos; Flávio de A. Barbosa & Alexandre do A. Ribeiro [orgs.]
86. *Objeto Língua – Inéditos e revisitados*, Marcos Bagno
87. *NURC – 50 anos*, Miguel Oliveira Jr. [org.]
88. *O dialeto caipira*, Amadeu Amaral
89. *Variações sobre o ethos*, Dominique Maingueneau
90. *O sujeito gramatical no português brasileiro – expressão, concordância, ergatividade e afetamento*, Vânia Cristina Casseb-Galvão; Gian Luigi De Rosa; Kleber Aparecido Silva & Lennie Aryete Pereira Bertoque [org.].
91. *História das línguas, história da linguística – homenagem a Carlos Alberto Faraco*, Marcos Bagno e Francisco E. Vieira [org.]
92. *O português daqui, dali e de lá – por uma língua que nos una*, Denise Salim dos Santos & Flávio de Aguiar Barbosa [org.]
93. *Constelação de gêneros – a construção de um conceito*, Júlio Araújo
94. *Discurso e (pós)verdade*, Luzmara Curcino, Vanice Sargentini & Carlos Piovezani [org.]
95. *Linguagem "neutra": língua e gênero em debate*, Fábio Ramos B. Filho & Gabriel de Ávila Othero [org.]
96. *O que sabemos sobre a linguagem*, Gabriel de Ávila Othero, Valdir do Nascimento Flores [org.]
97. *O gênero como ele é (e como não é): conceitos e aplicações*, Benedito Gomes Bezerra
98. *Estudos queer em linguística aplicada indisciplinar: gênero, sexualidade, raça e classe*, Luiz Paulo da Moita Lopes, Clarissa Rodrigues Gonzalez, Glenda Cristina Valim de Melo, Thayse Figueira Guimarães [orgs.]
99. *Enunciados aderentes*, Dominique Maingueneau
100. *Crítica à análise crítica do discurso*, Luciano Amaral Oliveira
101. *Portuñhol: ¿qué es? como se faz?*, Francisco Calvo del Olmo, Xoán Carlos Lagares [orgs.]
102. *Língua portuguesa: memória, temas e conexões*, Denise Salim Santos [org.]
103. *O discurso e as emoções: medo, ódio, vergonha e outros afetos*, Carlos Piovezani, Luzmara Curcino, Vanice Sargentini [orgs.]

Esta obra foi composta em Dutch 811 BT 10/15
e impressa em papel Chambril Avena 80g
para a **Parábola Editorial** em agosto de 2024.

Impressão e acabamento:
Forma Certa